PSICOLOGIA DA EDUCAÇÃO EM Minas Gerais

Segundo a narrativa dos principais atores

1927 a 1990

Iris Barbosa Goulart

PSICOLOGIA DA EDUCAÇÃO EM *Minas Gerais*

Segundo a narrativa dos principais atores

1927 a 1990

Iris Barbosa Goulart

Artesã

Psicologia da educação em Minas Gerais: Análise do período de 1927 a 1990, segundo narrativa dos principais atores

DIRETOR
Alcebino Santana

DIREÇÃO DE ARTE
Tiago Rabello

COORDENAÇÃO EDITORIAL
Michelle Guimarães El Aouar

REVISÃO
Maggy de Matos

CAPA
Karol Oliveira

PROJETO GRÁFICO E DIAGRAMAÇÃO
Conrado Esteves

G694 Goulart, Íris Barbosa, 1940-.

Psicologia da educação em Minas Gerais : análise do período de 1927 a 1990 [...] / Iris Barbosa Goulart. – Belo Horizonte : Artesã, 2022.

152 p. ; 21 cm.

ISBN: 978-85-7074-053-3

1. Psicologia. 2. Educação. 3. Minas Gerais. 4. Europa. I. Título.

CDU 159.9:37

Catalogação: Aline M. Sima CRB-6/2645

IMPRESSO NO BRASIL

Printed in Brazil

(31)2511-2040 (31)99403-2227

www.artesaeditora.com.br

Rua Rio Pomba 455, Carlos Prates – Cep: 30720-290 | Belo Horizonte – MG

/artesaeditora

Sumário

APRESENTAÇÃO

Este livro é fruto da pesquisa realizada para elaboração de minha tese de Doutorado, apresentada ao Programa de Pós-graduação em Psicologia da Pontifícia Universidade Católica de São Paulo, no início da década de 1990.

Minha carreira profissional sempre esteve muito ligada à Psicologia, tendo sido professora dessa ciência antes mesmo da criação do Curso de Psicologia em 1962. Além disso, atuei como psicoterapeuta e consultora de recursos humanos em empresas e sou autora de livros e artigos que abordam meus estudos.

Quando busquei o curso de Doutorado, vivia-se um momento especial tanto na Faculdade de Educação da Universidade Federal de Minas Gerais quanto em outros cursos que formavam educadores. O estudo dos fenômenos educacionais, até então centrado na abordagem psicológica, passou a ter como referência a Sociologia, o que redefiniu tanto os programas de curso quanto a composição do corpo docente das escolas. Decidi, então, ouvir os profissionais que tinham sido responsáveis pela adoção e expansão da Psicologia em Minas Gerais, apresentando-a como uma ciência capaz de auxiliar o conhecimento do ser humano facilitando sua transformação num ser educado.

A história abordada tem início no governo de Antônio Carlos Ribeiro de Andrada, na segunda metade da década de 1920, quando teve lugar um movimento de reforma educacional em Minas Gerais sob a orientação de Francisco Campos, educador mineiro que era o responsável pela gestão da educação no Estado. Foi, então, convidada uma missão europeia, composta de educadores reconhecidos pelos seus trabalhos à época, os quais deram os primeiros passos para a atualização pedagógica dos profissionais mineiros. Em 1927, a partir do trabalho desenvolvido pelos membros da missão europeia junto a um grupo de professores mineiros, surgiu a Escola de Aperfeiçoamento, instituição que se dedicou a formar especialistas em educação e diretores de escolas, atraindo professores de outros estados, que aqui buscaram sua formação.

Entre os profissionais que compuseram a equipe da missão europeia encontram-se Edouard Claparède, Helene Wladimirna Antipoff, Leon Walter, Theodore Simon, Jeanne Louise Milde e outros. Esses estudiosos trouxeram ao Brasil contribuições de pesquisas que vinham sendo realizadas nos laboratórios de Psicologia da Europa, assim como nas escolas de ensino elementar. Profissionais como Helene Wladimirna Antipoff e Theodore Simon (coautor dos testes de inteligência de Binet-Simon) deram os primeiros passos para a criação do Laboratório de Psicologia, que funcionava anexo à Escola de Aperfeiçoamento. Esse Laboratório, inspirado nos trabalhos realizados na Europa, desenvolvia pesquisas no âmbito da Psicologia Experimental e da Psicometria erealizava a seleção de profissionais para os quadros do Estado. Pode-se afirmar que este foi, provavelmente, o primeiro marco do desenvolvimento da Psicologia em Minas Gerais. Além dos trabalhos desenvolvidos em Minas Gerais com inspiração nas pesquisas realizadas na Europa, alguns docentes da Escola de Aperfeiçoamento, como Alda Lodi e Lúcia Monteiro Casasanta tiveram a oportunidade de realizar cursos na Universidade de Colúmbia, nos Estados Unidos, trazendo referências de trabalhos que se desenvolviam naquele país.

Este texto foi construído a partir de entrevistas feitas com os principais atores do processo de construção do saber psicológico em Minas Gerais no período compreendido entre os anos de 1927 e 1990. A coleta de dados foi feita mediante uso de entrevistas abertas, durante as quais cada um deles teve a oportunidade de narrar suas experiências, registrando sua visão dos fatos. Para interpretar os relatos feitos, utilizei a teoria dramatúrgica de Erving Goffman, de acordo com a qual a vida real se apresenta como um teatro, no qual "cada indivíduo desempenha um papel e implicitamente solicita de seus observadores que levem a sério a representação sustentada perante eles" (Erving Goffman, A representação do eu na vida cotidiana, 1983).

Ao selecionar os dados que comporiam este livro, abri mão do cenário, ou seja, dos espaços nos quais se desenvolveu a Psicologia em Minas Gerais, e optei por fazer algumas referências ao momento histórico-político no qual esta ciência ganhou aceitação e foi se desenvolvendo. Não me preocupei em identificar cada um dos entrevistados e decidi apresentar suas falas na medida em que elas apresentavam de modo particular cada momento.

Cabe, pois, registrar o nome dos profissionais que foram entrevistados, registrando o agradecimento a cada um deles: Alda Lodi, Anna Edith Bellico da Costa, Antonio Quinan, Geralda Ávila, Halley Alves Bessa, Ione Scarpelli Botelho, José Costa Pacheco, Lucy Paixão, Maria Augusta Cunha, Maria Auxiliadora de Souza Brasil, Maria Luiza de Almeida Cunha Ferreira, Maria Sílvia Machado, Melpomene de Oliveira e Guerra Brandão, Pedro Parafita de Bessa, Suzana Ezequiel da Cunha, Tereza de Jesus Geraldi, Zilda Assunção (assistente de Helena Antipoff). A história de vida dessas pessoas constituiu os alicerces da História da Psicologia em Minas Gerais e é, pois, responsável por esta construção. A maioria já é falecida e as citações feitas não vêm acompanhadas, neste trabalho, da citação dos nomes de cada um deles.

Merece registro, também, o nome de minha orientadora, Profa. Dra. Bernardette Gatti, que me apresentou o trabalho de Erving Goffman e acompanhou cada momento dos quatro anos durante os quais estive em São Paulo realizando o curso de Doutorado e participando de pesquisas por ela desenvolvidas.

INTRODUÇÃO

Este texto apresenta uma análise histórica do surgimento e dos primeiros anos do estudo da ciência psicológica em Minas Gerais, a partir de uma pesquisa que coletou as falas dos principais atores envolvidos com o ensino, a pesquisa e a divulgação dos trabalhos referentes a esta área do conhecimento. O foco da análise se prende à aplicação dos estudos psicológicos à área educacional, uma vez que os primeiros trabalhos de Psicologia realizados em Minas Gerais visaram a oferecer subsídios à Educação, mesmo quando voltados para a melhoria da saúde psíquica...

Alguns aspectos justificam a proposta deste trabalho: o primeiro deles, o fato que a autora vivenciou boa parte dos acontecimentos citados pelos sujeitos de pesquisa, uma vez que teve a oportunidade de atuar como professora, pesquisadora e autora de textos de Psicologia, ao longo de sua trajetória acadêmica, iniciada em 1960 e continuada até 2019, quando ainda desenvolve atividades de pesquisa e divulgação de trabalhos. Portanto, a existência escritural da fala foi precedida da dinâmica de um viver da autora, dando-lhe oportunidade de alcançar mais facilmente o mundo vivido pelos personagens que povoam e conferem sentido ao texto.

Outro fator relevante que justifica o trabalho é o fato de que todos os responsáveis pelo início dos estudos de Psicologia em Minas Gerais ofereceram contribuições para que se fizesse esta análise tanto diretamente através de suas falas quanto indiretamente mediante citações feitas por seus principais auxiliares.

Deve-se realçar também que Minas Gerais constitui um berço dos estudos psicológicos em razão de sua história. Em 1928, o governo mineiro, desejoso de formar professores mais qualificados para as escolas públicas, convidou uma missão europeia para visitar o estado e aqui ministrar palestras para um corpo docente do que viria a ser a Escola de Aperfeiçoamento de professores. A Missão Europeia incluiu profissionais como Leon Walter, Theodore Simon, Edouard Claparède, Helene Antipoff, entre outros educadores. Esta última aqui permaneceu, desenvolvendo um trabalho relevante de pesquisa e posteriormente criando uma instituição voltada para o desenvolvimento de crianças com problemas de aprendizagem. Os docentes da Escola de Aperfeiçoamento também tiveram a oportunidade de complementarem sua formação na Universidade de Colúmbia nos Estados Unidos, trazendo para o estado as novidades das ciências ligadas à educação. Outro programa, o PABAEE (Programa Brasileiro Americano de Apoio ao Ensino Elementar), financiado pelo Governo americano, com o objetivo de promover o desenvolvimento dos profissionais da educação no Brasil, teve como sede Minas Gerais, produzindo ensino e pesquisas num período que se iniciou na década de 1960 e se estendeu até os anos 1980.

Mais um fator justifica a escolha do estado de Minas Gerais como *locus* desta pesquisa. Os cursos de Psicologia foram aqui criados logo após a sua regulamentação em

1962, sendo este um dos primeiros estados que se ocupou da formação de profissionais psicólogos para atuarem no atendimento terapêutico, educacional e também nas organizações do trabalho.

Determinada a buscar a origem e a evolução dos estudos de Psicologia no estado de Minas Gerais, assim se define o objetivo deste trabalho: **História da Psicologia da Educação em Minas Gerais, a partir da análise psicossociológica do discurso dos responsáveis pela iniciação e desenvolvimento dos estudos referentes a esta área de conhecimento no período de 1927 a 1990.** Cabe realçar que a análise de tais discursos, adota como suporte a teoria dramatúrgica de Erving Goffman com ênfase nas categorias por ele propostas.

Já foram escritas outras histórias da Educação em Minas Gerais, merecendo destaque a dissertação de Mestrado de Ana Maria Casasanta Peixoto, sobre a Reforma Educacional Francisco, referindo-se ao período de 1928 a 1940, a tese de Doutorado de Otaiza de Oliveira Romanelli sobre História da Educação no Brasil até o final da década de 1970 e também um estudo sobre a história da Psicologia – a dissertação de Mestrado de Regina Helena de Freitas Campos, intitulada Psicologia e Ideologia, um estudo da formação da Psicologia Educacional em Minas Gerais, apresentada em 1980. Entretanto, diferente dos trabalhos citados, o que caracteriza o trabalho ora apresentado é a reconstituição dos fatos a partir da história da vida profissional das pessoas que os viveram enquanto trabalhadores neste campo e a partir da percepção de cada um deles.

A escolha deste caminho representou uma aproximação entre a história de vida da autora e a história de vida de outros profissionais considerados importantes para o desenvolvimento dos estudos psicológicos no Estado de Minas Gerais, detendo-se, sobretudo, nas experiências individuais. Desse modo, tornou-se evidente a identificação de pesquisador e pesquisados, de sujeitos e objetos de pesquisa, pois estiveram ambos irmanados ao longo do processo. Na verdade, em vários momentos, a autora dividiu o tempo e o espaço profissional com quase todas as pessoas entrevistadas, partilhando com elas lugares, aspirações, trabalhos, sucessos e frustrações.

A metodologia adotada constitui uma pesquisa qualitativa, de caráter antropológico, cuja marca é o mergulho na realidade. Procedeu-se, inicialmente, ao levantamento das instituições nas quais se desenvolveram estudos psicológicos desde 1925 até 1985. Foram as seguintes: Escol\a de Aperfeiçoamento de Professores, depois transformada em Curso de Administração Escolar e daí em Curso de Pedagogia do Instituto de Educação de Minas Gerais e mais recentemente Faculdade de Educação da Universidade do Estado de Minas Gerais; Faculdade de Filosofia de Minas Gerais, depois integrada à Universidade de Minas Gerais, mais tarde Universidade Federal de Minas Gerais. Posteriormente esta instituição desdobrou-se em Faculdade de Filosofia e Ciências Humanas e Faculdade de Educação ambas da UFMG; o Programa Brasileiro Americano de Assistência à Educação Elementar – PABAEE, depois transformado em Divisão de Aperfeiçoamento de Professores – DAP, ligado ao Ministério de Educação e Cultura (MEC); a Faculdade de Filosofia, Ciências e Letras Santa Maria e o Instituto de Psicologia da Universidade Católica de Minas Gerais, em 1983 transformada em Pontifícia Universidade Católica de Minas Gerais. Algumas instituições da rede privada também desenvolveram estudos de Psicologia e entre elas merecem ser lembradas: a Faculdade de Ciências Humanas da FUMEC (Fundação Mineira de Educação e Cultura) e a Faculdade de Filosofia de Belo Horizonte (FAFI-BH) e o Instituto Newton Paiva Ferreira. Entretanto, essas duas últimas não são abordadas no presente estudo. Entretanto, não foram coletadas entrevistas de profissionais ligados a essas últimas instituições particulares, a não ser no caso de alguns dos entrevistados também terem atuado nelas.

Foram selecionados 18 sujeitos de pesquisa, que constituíram uma amostra intencional, não probabilística. O critério adotado para a seleção desses sujeitos foi sua atividade profissional como gestores de instituições educacionais, docentes e/ou especialistas em algum ramo da Psicologia, direta ou indiretamente ligado à Educação. Importante realçar, também, que as contribuições oferecidas por esses sujeitos incluem desde o exercício do magistério, o desenvolvimento de pesquisas e mesmo a criação de instituições voltadas para a área de Psicologia da Educação. Assim, a solicitação feita a cada um deles valeu-se do seguinte discurso:

> "Estou procurando reconstruir a história da Psicologia da Educação em Minas Gerais a partir da narrativa das pessoas que construíram esta história. Você é uma dessas pessoas e eu queria pedir-lhe que contasse a história de sua vida profissional desde sua formação acadêmica até hoje, falando do que se lembrar, do que fez ou faz ainda."

Portanto, a coleta de dados foi feita mediante uso de entrevistas abertas, nas quais se permitia que as pessoas falassem como desejassem, evitando intervir em sua fala. Cada entrevista foi gravada, transcrita e posteriormente submetida à análise de conteúdo, conforme o modelo sugerido por Bardin (1977).

A narrativa individual, usada como fonte de informações, tem facetas psicológicas e sociais indissociáveis. Quando falamos de nós mesmos, da contribuição que podemos ter dado para a História em certo momento, estamos falando do significado mais profundo de nossas vidas. Esta percepção que temos de nós mesmos como seres históricos é fruto de um longo processo de desenvolvimento, que parte do começo mais irracional e é construída de pequenos passos no correr de nossa existência. Nesse sentido, a narrativa define a nossa identidade, expõe nossa crença no que fazemos e aponta o que consideramos nossa particular contribuição para o presente ou para o futuro. Por outro lado, mesmo tendo este significado individual, psicológico, o caráter social de nosso discurso é denunciado, pois a narrativa individual expõe um conhecimento social, com o qual ela está comprometida. Ao falarmos de nós, expomos nosso contato com a realidade, pois nosso conhecimento é construído na interação social. Por isso, o conhecedor- seja ele o científico, o intelectual ou mesmo do homem comum que vive sua história e elabora o conhecimento vulgar, é permeável aos modelos de interpretação que são característicos de sua época, de sua classe social, de seu grupo social e de seu ambiente profissional.

Halbwachs (1950, 1952) autor de uma teoria psicossocial, estudou as relações entre memória e história pública, buscando analisar os "quadros sociais da memória". O autor concluiu que a realidade das instituições sociais está diretamente relacionada à realidade interpessoal, uma vez que a memória de cada indivíduo depende do seu relacionamento com os grupos sociais aos quais ele pertence. Ele rejeita a ideia bergsoniana de que o espírito conserva o passado em sua inteireza e autonomia e defende o ponto de vista de que lembramos porque as outras pessoas, a situação presente, a perspectiva de futuro nos fizeram lembrar. A atividade mnemônica é regida fundamentalmente pelo social vivenciado aqui e agora pelo sujeito que lembra. Logo, infere-se que a lembrança não é só pessoal; é familiar, é grupal, e é também social e é graças ao caráter transubjetivo que as imagens resistem e se transformam em lembranças.

A base teórica para a realização dessa análise é dada pela teoria dramatúrgica de Goffman (1970, 1975, 1982 e 1983), segundo o qual quando o indivíduo apresenta, em situações comuns de trabalho, a si mesmo e à suas atividades, os meios pelos quais dirige e regula a impressão que formam a seu respeito e as coisas que pode ou não fazer enquanto realiza seu desempenho podem ser interpretadas como uma representação teatral. Ainda explicitando tal postura, Goffman considera que no palco o ator se apresenta sob a máscara de um personagem para personagens projetados por outros atores. A plateia constitui outro elemento, que é essencial. Assim, na vida real, as situações sociais permitem a identificação de: cenário, ator e plateia.

Goffman pertence ao grupo dos interacionistas simbólicos e como tal seu trabalho tem raízes na produção científica de George Herbert Mead (1962) e evoluiu para uma interpretação pessoal da realidade social, detendo-se especialmente nas interações que se processam por meio de diferentes linguagens. Numa linha teórica próxima à de Goffman, situa-se Peter Berger (1974, 1983), que analisou a construção social da realidade, e esse autor serviu de base também para algumas interpretações.

Nessa perspectiva teórica, quando um indivíduo se apresenta diante de outros, ele tem motivos para procurar controlar a impressão que esses outros recebem da situação. O autor que orienta nossa interpretação não discute o conteúdo específico de qualquer atividade apresentada pelo participante ou o papel por ele desempenhado nas atividades dependentes de um sistema social. A interação abordada pelo interacionismo simbólico pode ser definida como a influência recíproca dos indivíduos sobre as ações uns dos outros. Assim, o desempenho do ator pode ser definido como toda atividade de determinado participante em dada ocasião, que sirva para influenciar, de algum modo, qualquer um dos outros participantes. O termo representação é utilizado na leitura das experiências e das narrativas feitas porque se admite que a própria crença do indivíduo na impressão da realidade que tenta dar àqueles para os quais se apresenta.

O cenário é outro elemento da representação dramatúrgica e tem um papel determinante sobre as partes cênicas do equipamento expressivo. Além dos aspectos físicos do ambiente em que se desenvolvem as cenas, o cenário inclui aspectos da fachada pessoal do ator, tais como vestuário, sexo, idade, características raciais, atitudes, padrões de linguagem, expressões faciais, gestos corporais e coisas semelhantes. Esses aspectos são relativamente fixos, não variam para o indivíduo de uma situação para outra, mas são percebidos de forma diferente por cada um dos atores. Nesse sentido, os atores tendem a apresentar comportamentos condizentes com o cenário percebido por eles, uma vez que os estímulos presentes funcionam para nos informar sobre o papel do ator e sobre as interações possíveis de serem processadas.

Portanto, a interpretação das entrevistas que foram gravadas, transcritas e submetidas à análise de conteúdo adotou uma abordagem psicossociológica, uma vez que o autor que a inspira – Goffman, adota esta perspectiva. Por isso, a análise tomou como recurso para a categorização os seguintes tópicos: O cenário, Os atores, e a Psicologia da Educação construída em Minas Gerais no período compreendido entre 1928 a 1990. Essa orientação é adotada para a composição dos capítulos deste trabalho: o primeiro capítulo aborda o Cenário, detendo-se na referência à cena ampla, que situa historicamente o momento analisado, a cena restrita, que expõe os acontecimentos relacionados à Educação e à Psicologia no Brasil e o fundo cênico, que aborda os diferentes cenários nos quais se estudou e se ensinou Psicologia. O segundo capítulo trata dos Atores, abordando-se suas raízes, sua trajetória e a percepção que os entrevistados têm dos atores mais marcantes dessa história, citando-se, inclusive, seus nomes. O terceiro capítulo trata da relação dramática, ou seja, busca analisara construção da Psicologia da Educação contextualizada pelos atores, dando oportunidade a uma visão prospectiva e crítica.

CAPÍTULO I

1.1 – O CENÁRIO

Não basta abrir a janela para
ver os campos e os rios.
É um sonho do que se poderia
ver se a janela se abrisse,
que nunca é o que se vê
quando se abre a janela.
(FERNANDO PESSOA. Seleção Poética)

Este trabalho consiste primordialmente em estabelecer uma analogia entre o processo histórico e o drama. Qualquer evento histórico exige um cenário bem particular, um conjunto de atores e uma realização na qual a ação de cada ator é influenciada pelo comportamento (e aqui se inclui o sentimento, que é comportamento nem sempre manifesto) de cada um dos outros.

Na perspectiva do teatro, diz-se que as pessoas representam papéis e contracenam. Invertem, sucessivamente, os papéis de ator e plateia e assim constroem não apenas sua história pessoal (biografia), mas a História. Dessas representações que vêm a constituir a vida de cada um e a vida social derivam os textos dramáticos da História, repassados de uma geração a outra de atores e diversamente interpretados pelos críticos.

O termo "representação" é usado para se referir a toda atividade de um indivíduo (ator) que se passa num período marcado por sua presença contínua diante de um grupo particular de observadores e que exerce sobre eles alguma influência. (Goffman, 1983)

Todo homem está, portanto, em qualquer tempo ou lugar, representando um papel. Não apenas desempenhamos um papel para os outros, mas para nós mesmos; a própria estrutura do eu leva em conta a maneira pela qual cada um de nós executa sua representação.

O teatro é, pois, uma invenção humana que não se restringe ao palco, mas se estende ao tempo-vida e ao tempo-história, pois vidas reais se formam a partir desta invenção. Não se trata apenas de uma fantasia; acabamos sendo aquilo que julgamos ser ou aquilo que as percepções dos outros, refletidas para nós, nos levam a ser.

É impossível confinar ao limite do teatro o impulso humano para representar. Quando o termo personalidade teve origem na palavra "persona", que significa a máscara que os atores do teatro grego usavam para representar um personagem, ficou bem claro que

> "Na medida em que esta máscara representa a concepção que formamos de nós mesmos – o papel que nos esforçamos por chegar a viver – esta máscara é o nosso mais verdadeiro eu, aquilo que gostaríamos de ser. Entramos no mundo como indivíduos, adquirimos caráter e nos tornamos pessoas". (Park, 1950)

A representação humana tem, pois, um caráter social – só representamos porque há outros, e um caráter individualizante – ao representar, definimos nossa identidade. Assim, uma peça teatral representada por atores diferentes não será a mesma peça; ela depende de como cada ator se põe na pele de seu personagem, de como se identifica com seu público, de como é estimulado pelo cenário, pela plateia e pelos coatores. Este caráter de totalidade do drama é também responsável pelo fato de que um elenco apresenta a mesma peça como se fosse outra diante de plateias diferentes. Ou ainda que o mesmo elenco, em suas vestes de representação, pareça estranho em cenários que não sejam adequados às vestes usadas, à personalidade dos personagens ou mesmo dos atores. É, ainda em nome desta totalidade que jamais consideramos possível que certos atores representem determinados papéis e bastará uma simples visada para identificarmos os papéis discrepantes, a sinceridade e o cinismo, a lealdade ou deslealdade à equipe.

Fazendo uma analogia entre a História e o teatro, entende-se o caráter de singularidade de cada fato histórico e, ao mesmo tempo sua generalidade. A maneira particular, única de um grupo apresentar um espetáculo (representar) constitui a trama do vivido. A História é precisamente esta trama, e ao tomar analiticamente um momento do espetáculo, o estudioso está consciente de que se o ator não fosse exatamente aquele tudo seria diferente. Complementarmente, há nesta trama algo em comum com outras tramas vividas em outro espaço-tempo e aí reside o caráter de generalidade da História.

Neste trabalho, considera-se que os atores, que são as pessoas entrevistadas, procuravam, durante sua vida profissional, representar alguns personagens. Da interação dos atores entre si e de sua interação com a plateia resultou um processo histórico-social que se pretende captar, analisando a trama do vivido. Analisa-se a trama do vivido decompondo-a em elementos de elaboração cênica e elementos de realização dramática.

Sob a designação de Elaboração Cênica analisou-se o equipamento expressivo que é intencional ou inconscientemente empregado pelo indivíduo e que inclui, de um lado, elementos do ambiente físico e social – o cenário e, de outro, os elementos referentes ao ator. Nesse capitulo, o objeto de análise é o cenário.

O cenário inclui, na perspectiva dramatúrgica, todos os elementos do espaço físico e social que criam os suportes do palco para o desenrolar da ação humana diante, dentro ou acima, dele. É, no teatro, o pano de fundo e todas as peças que constroem o momento próprio da ação, fazendo-nos perceber, "quando, onde e como" a cena se desenrola. Geralmente este cenário é geograficamente limitado e fixo e, embora dinâmico, tem uma duração limitada no tempo.

Extrapolando esta visão dramatúrgica do cenário, verifica-se que as paredes que para um ator constituem "o meu mundo, o lugar onde eu me orgulho de ter trabalhado durante anos", para outro significam "um limite à minha liberdade, à inovação de qualquer espécie". Deste modo é que se configura o ambiente fenomenal.

Ao contrapor essas duas visões – a dramatúrgica e a perceptual – é que se faz a transição da realidade global para a realidade subjetiva. Embora nesta última se encontrem vários níveis de singularidade, a totalidade da visão histórica não exclui essas percepções, pois elas dão consistência à realidade objetiva.

Como este trabalho refere-se ao vivido, aborda as percepções e sentimentos dos atores sobre o fundo no qual sua representação constitui figura e que mereceram o registro de sua memória.

Em sentido amplo, o cenário é a cena que envolve o universo que existe em termos geográficos e sociais em dado momento histórico, mas também o que se sabe e se sente sobre o contexto econômico, social, político e humano em que se está vivendo uma situação. Não é possível "ver de fora" esta cena e explicitá-la, com clareza, para que o leitor compreenda o cenário de cada representação. O mundo interno do personagem se faz presente em cada narrativa e a própria definição da situação traz implícito em si o caráter perceptual do cenário, que é a visão de realidade que constitui o horizonte cênico do ator.

As referências a esta cena ampla não aparecem numerosas nas entrevistas; ao contrário, elas se apresentam como exceções e só as pessoas que mais diretamente viveram ou vivem as consequências de cada momento político explicitaram o quadro percebido. A autora deste trabalho está incluída, contudo, entre os atores que fizeram parte desta história e, para dar sentido à cena, vai se permitir expor a visão sua e de suas contemporâneas – Romanelli (1978) e Peixoto (1981) – que realizaram trabalhos históricos sobre o mesmo período.

Além do cenário mais amplo, que expõe as condições políticas e sociais do país no qual se desenrola a História, existem também um cenário mais restrito, que se refere a fatos, eventos mais significativos e leis que configuram o ambiente no qual se processa um aspecto do desenvolvimento e da produção de um conhecimento.

Além disso, num sentido ainda mais particular, o desenrolar de nossa vida profissional constrói a realidade cotidiana dentro dos limites de um edifício e no contato com uma população relativamente estável. As expressões "Fulano está na casa' e "Fulano é do Curso", usadas com frequência no Instituto de Educação, expressam bem o vínculo que o profissional estabelece com a instituição que constitui o fundo cênico de seu dia a dia. Assim, a escola passa a ser "a casa" e "o Curso" é um curso bem específico, cuja identidade permite que se omita o nome desse curso.

Esta última parte constitui o fundo cênico, que inclui, de um lado, o edifício com seu estilo peculiar, situado num determinado ponto da cidade e contendo móveis e outros equipamentos que o definem e, de outro lado, as pessoas que ali convivem. Algumas vezes, a identidade dessas pessoas, personagens do espetáculo cotidiano, é aqui apresentada através das percepções que delas tiveram seus contemporâneos, na interação face a face. É importante realçar que algumas pessoas só se enquadram num cenário e além de serem marcadas por ele, deixam nele suas marcas.

1.2 – A CENA AMPLA

A delimitação do espaço-tempo no qual se desenrola o espetáculo que é objeto deste estudo é um aspecto importante, que deve nos ocupar antes de qualquer referência.

A definição do tema – Psicologia da Educação em Minas Gerais e o período a ser coberto – da segunda metade da década de 1920 até 1990 – devem ser melhor explicitados. As citações feitas são referentes a Belo Horizonte, embora haja em Minas outros núcleos importantes de desenvolvimento da Psicologia da Educação, como Juiz de Fora, Uberaba e Uberlândia. Entretanto, nestas cidades a área de estudos que abordo ganhou características próprias, cujo modelo é o Rio de Janeiro ou São Paulo, enquanto as demais cidades mineiras se orientaram, geralmente, de acordo com as sugestões elaboradas na Capital de Minas Gerais.

Por outro lado, a escolha do período está relacionada ao fato de que, embora a Escola Normal Modelo do Estado tenha sido criada em Belo Horizonte no ano de 1906, não se realça no currículo escolar da época a presença da disciplina Psicologia da Educação. Isto vai ocorrer a partir de 1927, no quadro da "Reforma Educacional Francisco Campos em Minas Gerais". quando a disciplina passa a integrar o currículo escolar legalmente definido. Conforme um dos atores que participou do movimento reformista:

> "Realmente, eu não me lembro de ouvir falar em Psicologia da Educação antes da Reforma empreendida pelo Dr. Francisco Campos. Pode até ter se ensinado esta matéria, mas eu não me lembro. Mas depois que aconteceu a Reforma do Ensino Normal era a matéria mais importante que as moças tinham que aprender. Foi a partir de 1927 ou 28..."

A priori, considera-se a Psicologia Educacional um campo de pesquisa dos fenômenos psicológicos que ocorrem sob a ação educativa e de aplicação dos conhecimentos relativos ao comportamento humano no ato educativo. A preocupação em analisar esta cena ampla justifica-se porque o comportamento humano não se dá em um vazio social – ele só é possível em um processo dialético do homem com o contexto sócio-econômico-político, mesmo que tal efeito não seja assimilado de maneira consciente pelo indivíduo.

Uma visão sintética do quadro político brasileiro nos expõe o seguinte:

- No plano político, o final da década de 1920 foi marcado por uma crise de desenvolvimento, que culminou com a derrubada, em outubro de 1930, do governo do presidente Washington Luís. Às vésperas da eleição para a Presidência da República, cresceu o mal-estar advindo de movimentos que, durante os anos 20, atingiram desde o operariado até a burguesia industrial – as revoltas das Forças Armadas que geraram o tenentismo, a Semana de Arte Moderna, a criação do Partido Comunista.
- A chamada Revolução de 30 foi o ponto alto de uma série de revoluções e movimentos armados que se empenharam em promover o rompimento político e econômico com a velha ordem social oligárquica. Sobre este movimento comenta um dos atores:

> "Minas teve um papel muito importante na Revolução, assim como Rio Grande do Sul e Paraíba. Destes estados o movimento irrompeu por todo o território nacional. As Forças Armadas deixaram de dar apoio ao Presidente, que acabou sendo convencido a deixar o Palácio do Catete, e partiu, em seguida, para o exílio na Europa. O 12° Regimento de Infantaria do Exército apoiava o Governo Federal e entrou em luta com a Polícia Mineira. As forças estaduais venceram e a rendição ao 12RI se deu no dia 3 de outubro. Foi horrível!"

- Analisando-se o quadro político brasileiro no período de 1926 a 1990, ou seja, ao longo de 65 anos, a ainda jovem república brasileira (a Proclamação da República se deu em 1889) teve 6presidentes civis e 7 militares. Os presidentes civis foram: Washington Luís, Juscelino Kubitschek de Oliveira, Jânio da Silva

Quadros, João Belchior Marques Goulart, José Ribamar Ferreira Araújo da Costa Sarneye Fernando Collor de Mello. Os presidentes militares foram os seguintes: Getúlio Dorneles Vargas, Eurico Gaspar Dutra, Humberto de Alencar Castelo Branco, Artur da Costa e Silva, Emílio Garrastazu Médici, Ernesto Beckmann Geisel, João Batista de Oliveira Figueiredo. Omitiram-se nesta relação aqueles que ocuparam temporariamente a presidência (um ano ou menos) devido à deposição ou ao adoecimento do titular.

- Getúlio Vargas, que comandou a Revolução de 1930, assumiu o governo logo após Washington Luís ter sido deposto e exilado. Quando o Governo Provisório se instalou sob a presidência de Getúlio Vargas, houve um período de grande instabilidade, gerada pela ambivalência do governo e pelo conflito de interesses de grupos divergentes. Emergiram, então, movimentos revolucionários de direita e de esquerda. A burguesia industrial não teve o êxito esperado nos primeiros anos do Governo Vargas, que na verdade não se definia quanto ao desenvolvimento industrial. Em 1932, irrompeu em São Paulo a Revolução Constitucionalista, que além de ser um movimento pró-constituição, era uma reação à tendência centralizadora, que tentava eliminar a autonomia dos Estados. A esquerda tentou um movimento em 1935, logo sufocado pelo Governo e a direita, consubstanciada na Ação Integralista, começou a manifestar-se mais agressivamente. Até que pudesse contar com o apoio certo das Forças Armadas, Getúlio jogou com o interesse destes grupos divergentes. Contra os radicalismos de esquerda e direita, o Governo deu o golpe de Estado de 1937, a partir do qual se instalou o Estado Novo. Com o apoio das Forças Armadas, Getúlio Vargas passou a ter amplos poderes para remanejar a estrutura do Estado que a Revolução de 30 reivindicava e permaneceu 15 anos como ditador. O período de ditadura durou de 1930 a 1945 e algumas realizações devem ser registradas: foi criada a Justiça do Trabalho (1939), instituiu-se o salário mínimo e a Consolidação das Leis do Trabalho, também conhecida por CLT. Direitos trabalhistas como carteira profissional, semana de trabalho de 48 horas e férias remuneradas também são frutos de seu governo. Getúlio Vargas investiu muito na área de infraestrutura do país, criando a Companhia Siderúrgica Nacional (1940), a Vale do Rio Doce (1942), e a Hidrelétrica do Vale do São Francisco (1945). Em 1938, criou o IBGE (Instituto Brasileiro de Geografia e Estatística). Saiu do governo em 1945, após um golpe militar. Entretanto, o clima tenso persistiu até 29 de outubro de 1945, quando Getúlio foi deposto por um golpe militar.

- As eleições foram realizadas em 2 de dezembro de 1945 e o General Eurico Gaspar Dutra, candidato à Presidência da República apoiado por Getúlio, surpreendentemente, foi eleito. Candidato do PSD (Partido Social Democrata), Dutra fez um acordo com a UDN (União Democrática Nacional), assegurando-lhe dois Ministérios, um deles o da Educação.
- O governo Dutra, empossado em janeiro de 1946, representou a mudança do regime e a volta à normalidade democrática. Nesse governo, concluído

em 1950, as preocupações voltaram-se para o ensino primário e a formação de recursos humanos destinados à atuação de professores neste nível de ensino.

- Concluído o período do governo Dutra, nas eleições realizadas em 1951 Getúlio foi eleito pelo voto popular, voltando ao poder e iniciando um período de governo democrático. Esta eleição representava a união da burguesia industrial, que aspirava a continuidade da política econômica do Estado Novo com as camadas que foram contempladas no governo anterior de Getúlio com a legislação trabalhista e a previdência social. Estabeleceu-se, então, uma grande tensão política liderada pelo brigadeiro Eduardo Gomes e pelo jornalista Carlos Lacerda e o terceiro ano do governo de Getúlio foi marcado pela pressão feita pela oposição para que ele renunciasse. Negando-se a renunciar, mesmo diante da grande pressão, Getúlio governou por 3 anos e suicidou-se em agosto de 1954. sendo substituído pelo vice-presidente João Fernandes Campos Café Filho, que concluiu o mandato.
- Em 1955, foi realizada eleição para a Presidência da República, e foram eleitos o governador mineiro Juscelino Kubitscheck de Oliveira (geralmente conhecido como JK), para a presidência e o gaúcho João Goulart, para a vice-presidência. As metas do governo JK incluem a mudança da capital federal do Rio de Janeiro para Brasília, cidade a ser construída no Planalto Central, a construção de estradas que ligassem as diversas partes do país e a promoção de maior desenvolvimento econômico

do país. O presidente se referia ao programa com a expressão "50 anos em 5", período no qual ele seria presidente. Este período de grandes mudanças no cenário brasileiro tiveram um custo muito alto e ampliaram significativamente a dívida interna e externa do país.

- Juscelino concluiu seu mandato em janeiro de 1960, e as contradições do desenvolvimento brasileiro foram acentuadas durante seu governo. A construção de Brasília, as estradas que ligavam as partes mais distantes do país à nova capital federal e os altos custos dessas obras facilitaram a eleição de um opositor de Juscelino Kubitscheck, o professor paulista Jânio Quadros, que usava como símbolo uma vassoura, com a qual prometia varrer a corrupção. Como a votação para presidente e vice-presidente eram separadas, ganhou como vice-presidente João Goulart, que tinha sido o vice do governo Juscelino. Um depoimento relativo a este período evidencia o cenário brasileiro da década:

> "Jânio Quadros era professor de Português e chegou a ser o Presidente da República. Fizeram uma verdadeira caricatura da imagem dele e o povo elegeu esta caricatura. Quando ele renunciou, apesar de todas as pressões, entrou João Goulart. Naquele tempo havia UNE (União Nacional de Estudantes), UEE (União Estadual de Estudantes) e praticamente não havia aulas nas Faculdades; era só ato público, protesto, movimento. Eu estava no Rio quando houve o célebre comício da Central do Brasil. Aí o Presidente exagerou... fez promessas difíceis... foi radical, de esquerda mesmo. Logo depois o depuseram".

- Jânio Quadros manteve-se por sete meses no poder, tendo renunciado alegando a influência de "forças ocultas". Provavelmente, o ato de Jânio se deveu à falta de respaldo político; ele esperava a reação popular ou das Forças Armadas, e levou a faixa presidencial para o avião que o levaria a São Paulo. Mas, à falta dessa reação, sua renúncia foi aceita e o Vice-Presidente João Goulart, herdeiro político de Getúlio, deveria assumir o poder.
- Goulart, que se encontrava na China, causava preocupação aos meios militares e à direita brasileira, pois vinha desenvolvendo um discurso de mudança, que mesclava populismo à política de massas; além disso, era cunhado de Leonel Brizola, simpatizante do socialismo e ousado defensor da revisão do papel das instituições. Apesar dessa resistência, João Goulart tomou posse e durante seu governo a esquerda teve uma atuação evidente, tendo o país se tornado palco de inúmeras manifestações de defesa do socialismo comunista, as quais eram lideradas pelos sindicatos e estudantes. O Presidente, permaneceu numa postura ambivalente entre esquerda e direita e não teve o apoio das Forças Armadas, que a 31 de março de 1964 vieram a depô-lo.
- No período compreendido entre 1964 e 1985 não houve eleição pelo voto popular e os presidentes militares eram indicados pelo colégio eleitoral, não havendo eleições pelo voto popular. Ocorreu, a partir de então um governo marcado pelo controle e pela repressão; só existiram no período dois partidos: Movimento Democrático Brasileiro (MDB) e a Aliança Renovadora Nacional (ARENA). Enquanto

o primeiro era de oposição, de certa forma controlada, o segundo representava os militares. Apesar da rigidez do regime, o período do governo militar foi marcado por significativo desenvolvimento econômico, que se denominou "Milagre Brasileiro".

- O início dos anos 1980 foi marcado pelo afrouxamento do rigor do governo militar e em 15 de janeiro de 1985 o Colégio Eleitoral elegeu Tancredo de Almeida Neves para a presidência. Entretanto, o político mineiro não chegou a tomar posse, tendo falecido após ser eleito. Após sua morte em 21 de abril de 1985, assumiu a presidência um civil, o vice-presidente José Ribamar Ferreira Araújo da Costa Sarney., que governou até 15 de março de 1990, quando foi eleito o alagoano Fernando Collor de Mello. Esse presidente, criticado por corrupção, teve um pedido de impeachment julgado e em 20 de dezembro de 1992 renunciou e em seu lugar assumiu o vice Itamar Augusto Cautiero Franco, que conclui o período do mandato em 1994.

Pode-se concluir que Juscelino foi, ao longo desses quase 70 anos, o único presidente civil que cumpriu integralmente seu mandato. Este saldo político, se considerado do ponto de vista do homem e de seu comportamento, pode ser avaliado como catastrófico em termos de gerar tensões, provocar conflitos e criar situações de insegurança. Já do ponto de vista da educação, é evidente que ela se fez da forma mais paradoxal – na competição, pregando a colaboração; na desigualdade, pregando a fraternidade; no conflito, anunciando a paz e no subdesenvolvimento importando modelos econômicos e culturais de países mais desenvolvidos.

1.3 – A CENA RESTRITA

Esta parte do texto se detém sobre os acontecimentos ligados à Psicologia e à Educação no período que é objeto deste estudo. A importância do Estado de Minas Gerais no quadro sóciopolítico brasileiro, fica evidente no comentário feito por um dos entrevistados:

> "Desde os tempos do Império, Minas foi o centro de formação dos intelectuais chamados a ocupar postos de decisão ou assessorias de influência no Governo Federal. Havia até famílias inteiras cujo sobrenome se tornou famoso por este motivo.".

No plano educacional, Minas Gerais, ao lado de São Paulo, também tinha papel proeminente, como registra outro sujeito da pesquisa:

> "A formação das elites tinha, por isto, um papel primordial. A educação aqui sempre foi uma preocupação muito séria"

Importante realçar também que a Escola Nova, orientação que dominou o longo período iniciado em 1926 e se manteve presente ao longo de várias décadas, teve seu berço em Minas Gerais, a partir de ideias trazidas pela Missão Europeia. Isso confirma, pois, a importância do Estado no tocante à Educação brasileira.

Quanto à Psicologia, que é objeto deste estudo, registra-se que:

> "Foi em Minas Gerais que se criaram os primeiros cursos de formação de psicólogos. Parece que a ênfase à Psicologia aqui começou com a vinda da

missão europeia e culminou com o início da profissionalização dos primeiros psicólogos."

Realçada a importância da Psicologia da Educação em Minas Gerais a partir da definição do sentido que suas duas vertentes – a Psicologia e a Educação – têm no contexto deste Estado, pode-se passar à visão histórica da cena restrita, na qual se desenrolaram os eventos mais significativos desta área do conhecimento.

Tanto em São Paulo quanto em Minas a reforma educacional estava associada ao processo de industrialização que, iniciando-se em território paulista, alastrou-se para Minas Gerais, causando um deslocamento de massas populacionais do interior para a capital. O Estado passou, assim, de um modelo de economia agrário-exportadora para um modelo de economia urbano-industrial. Até a década de 1920, a política do país foi controlada pelas oligarquias rurais, notadamente as ligadas ao setor cafeeiro em São Paulo e Minas. A partir de meados da década de 1920, devido ao significativo desenvolvimento das indústrias, principalmente em São Paulo, os donos do poder político eram provenientes de grupos ligados a industrialização urbana.

Foi também em São Paulo e Minas, que as pressões desencadeadas no sentido de se recompor o poder político segundo os padrões de uma democracia liberal encontraram terreno privilegiado. A partir de meados da década de 1920, principalmente após a Semana de Arte Moderna, movimento realizado em São Paulo em 1922, a educação passou a ser vista como recurso para esta recomposição, pois através dela se faria a erradicação do analfabetismo, aumentaria o número de votantes, principalmente entre as populações agora concentradas no meio industrial urbano e se derrubariam as oligarquias rurais.

Nesta ocasião, a extensão do processo de escolarização passou a ser vista como instrumento de participação política através do voto e os novos grupos em ascensão assumiram a iniciativa de colocar em prática o princípio de ideologia liberal: "a educação é direito de todos". Segundo Peixoto (1981) este princípio orientou

> "um conjunto de correntes, movimentos e organizações e publicações que, na realidade, expressavam os interesses da nova classe ascendente, que desejava fazer da educação um dos instrumentos capazes de lhe garantir a hegemonia sobre as classes dominadas".

A reforma educacional da qual a Psicologia emergiu como ciência básica para a reestruturação pedagógica aconteceu neste momento político de otimismo pedagógico, no qual se pode perceber a educação como redentora.

Enquanto era Presidente da República Washington Luís, assumiu em 1926 o governo de Minas, Antônio Carlos Ribeiro de Andrada, proveniente de família que deteve as tradições políticas do Império, sendo dessa família mineira o tutor do imperador D. Pedro II, após seu pai ter retornado a Portugal com a família. O governador de Minas (então chamado Presidente do Estado) fez-se assessorar por jovens intelectuais e surpreendeu a todos com seu estilo inovador, e foi assim lembrado por um dos atores:

> "O Presidente Antônio Carlos era um homem de decisão. Descendia de José Bonifácio (tutor de D. Pedro II) e foi o mais forte dos Andradas de Barbacena. Desde o início de seu governo teve divergências com Washington Luís. Como havia certa autonomia nos Estados, ele pregava o voto secreto; afastou os velhos políticos e deu a vez aos jovens,

> entre eles Francisco Campos. Além disso, aspirava ser Presidente da República, o que é muito natural, devido a sua história".

A etapa de desenvolvimento do capitalismo estava associada à necessidade de formação de mão de obra e à urbanização. As instituições até então mantidas para direcionar o processo educativo, mostravam-se ineficientes neste momento, sendo necessária a revisão do sistema educacional e a democratização do ensino, que se tornaram metas das mais importantes dessa administração. Sobre a política educacional do governo de Antônio Carlos, o discurso oficial afirma que ele aspirava, de um lado, expandir as oportunidades educacionais para atender toda a população e, de outro, melhorar o funcionamento do ensino primário, de modo que ele pudesse promover o progresso social. Para executá-la, Antônio Carlos designou para a Secretaria do Interior, responsável pelo planejamento e execução de ações ligadas à Educação, o bacharel Francisco Campos, que foi mantido durante todo o período de sua administração. Sobre este secretário foi feita a seguinte referência:

> "Francisco Campos era bacharel, jovem e muitíssimo inteligente. Descendia dos Campos de Dores do Indaiá e até fundou a Escola Normal daquela cidade. Quando assumiu a pasta do Interior e Justiça do Estado já se podia prever uma revolução na educação. E assim foi. Ele idealizou o movimento da Reforma do ensino em Minas e quem executou foi outro mineiro ilustre, o Dr. Mário Casasanta".

Outros aspectos importantes deste governo que exerceram influência sobre a educação e a psicologia foram os movimentos dos intelectuais e dos católicos. Os intelectuais, e entre eles o poeta Carlos Drummond de Andrade, deram início ao Movimento Modernista Mineiro. O catolicismo retomou sua força e constituiu oportunidade para reuniões de grupos de operários e de estudantes. A pressão do catolicismo sobre assuntos como a Psicologia teve lugar nesse momento, como será abordado em outra parte deste trabalho.

Embora se considere que o movimento da Escola Nova foi desencadeado em Minas Gerais em 1926, com a realização do I Congresso de Instrução, destinado a sondar as ideias dos professores mineiros, o papel da imprensa se fez notar desde 1925 quando foi iniciada a publicação da Revista do Ensino, órgão oficial da Inspetoria Geral de Instrução da Secretaria do Interior e Justiça do Estado de Minas Gerais. A revista constituiu importante veículo para divulgação das novas tendências junto ao professorado, através da publicação de artigos traduzidos de periódicos europeus e americanos sobre métodos de ensino e psicologia da criança, bem como de discursos e atos oficiais da Secretaria de resultados de pesquisas realizadas no Estado.

O "Minas Gerais", órgão da Imprensa Oficial do Estado mantinha, desde 1926, uma seção pedagógica, que divulgava o conteúdo das conferências realizadas nas escolas, bem como a resenha dos acontecimentos educacionais no Estado e no País e sugestões práticas sobre o ensino.

O movimento historicamente conhecido como Reforma Educacional Francisco Campos é consubstanciado nos seguintes documentos: Regulamento do Ensino Primário (Decreto Lei nº 7970-A, de 15 de outubro de 1927), Regulamento do Ensino Normal (Decreto-Lei nº 8162, de 20 de janeiro de 1928), Programa de Ensino Primário (Decreto-Lei nº 8094, de 20 de janeiro de 1928), Programa do Ensino Normal (Decreto-Lei nº 8225, de 11 de fevereiro de 1928) e Regulamento da Escola de Aperfeiçoamento (Decreto nº 8987, de 22 de fevereiro de 1929).

Foi neste quadro, constituído pela reforma do ensino primário e normal e pela instalação da Escola de Aperfeiçoamento, que a Psicologia Educacional ganhou seu espaço em Minas Gerais, como exposto pela professora Lucia Monteiro de Castro Casasanta, que compôs o corpo inicial da Escola de Aperfeiçoamento, à pesquisadora Anamaria Casasanta Peixoto:

> "A implantação dos métodos ativos de ensino no Estado, e mesmo no País, requeria um grupo de pessoas habilidosas, em condições de levar à frente ideias e colocar em prática as novas medidas. No início, o Dr. Francisco Campos reunia em seu gabinete professores da Escola Normal Oficial e diretores dos grupos escolares para discutir as ideias chegadas da Europa e dos Estados Unidos. Era necessário, entretanto, dispor de uma instituição que testasse a aplicação dessas ideias em nosso meio e preparasse elementos capazes de orientar sua implantação tanto nas escolas primárias quanto nas escolas normais. Ao mesmo tempo que o Dr. Francisco Campos providenciou a vinda ao Brasil de uma missão pedagógica europeia, ele providenciou para que um grupo de professoras mineiras fosse para os Estados Unidos, participar de cursos, seminários, conferências, atividades de observação no Teacher's College da Universidade de Colúmbia. Ele nos disse: 'Não faço questão de diplomas., mas venham preparadas'. Chegamos num dia e no dia seguinte foi criada a Escola de Aperfeiçoamento. Foi no Gabinete do Dr. Francisco Campos, onde ele nos deu as boas-vindas e imediatamente procedeu à divisão das tarefas, segundo os cursos realizados por nós nos Estados Unidos".

Ainda na gestão de Antônio Carlos, foram instaladas bibliotecas escolares nas Escolas Normais, para onde foram adquiridos diversos livros e, de modo especial, a Biblioteca da Escola Normal Modelo recebeu alguns volumes encomendados da Europa, a maior parte versando sobre Psicologia e Didática.

O preparo e aperfeiçoamento técnico e científico dos professores primários e daqueles que deveriam lecionar nas Escolas Normais deram origem ao primeiro Curso de Aperfeiçoamento de Professores, que se iniciou em junho de 1928. O discurso do Secretário Francisco Campos, por ocasião da abertura, insistia na importância do estudo científico do desenvolvimento infantil, o que evidenciava a grande ênfase que viria a ser dada à Psicologia aplicada à Educação.

> "...houve um curso de aperfeiçoamento de professores, não me lembro se em 1927 ou 1928... Eu tive a honra de ser convidada a participar. Foi neste curso que nasceu a Escola de Aperfeiçoamento... Havia muitas aulas de Psicologia..."

Durante muitos anos, a influência do escolanovismo se fez sentir na educação brasileira. Este movimento tinha um caráter essencialmente pedagógico e não teve como intenção dominante refletir o processo de aprendizagem no contexto de uma dada estrutura de relações sociais. As reformas de ensino se processaram a nível estadual e de modo geral a ação e as publicações dos educadores responsáveis por elas evidenciavam a influência de ideias vigentes na Europa e nos Estados Unidos, as quais reunidas, às vezes impropriamente, constituíram o que se convencionou chamar Escola Nova. Quando Antônio Carlos deixou o governo, em 1930, o movimento reformista, que havia se iniciado em 1926 em Minas Gerais estava consolidado.

Visando a abordar a importância das relações sociais na produção do modelo de educação, surgiu no Rio de Janeiro, em 1924, a Associação Brasileira de Educação, que reunia educadores que pretendiam sensibilizar o poder público e o povo para os problemas educacionais, numa perspectiva social.

A partir de 1930, tentou-se organizar a educação a nível nacional e as Constituições revelam as lutas ideológicas que envolvem o país como um todo a tentativa de centralização. Logo após a Revolução de 1930, o Governo Provisório se instalou e tratou de criar uma infraestrutura administrativa que lhe assegurasse a confirmação dos princípios em que se fundamentava o regime. Para isso, criou os Ministérios e o primeiro Ministro da Educação e Saúde Pública, o mineiro Francisco Campos, iniciou uma reforma de âmbito nacional, que incluía a organização do ensino secundário, universitário e comercial e, criava o Conselho Nacional de Educação.

Referindo-se a este momento, é a seguinte percepção de um dos atores:

> "Eu lhe disse que o Dr. Francisco Campos era um homem muito inteligente, que era até chamado de Chico Ciência. A reforma educacional que ele liderou em Minas teve tal repercussão, que após o seu mandato como Secretário em Minas foi convidado pelo Presidente Vargas a dirigir o Ministério da Educação e realizar reforma semelhante à que executara, mas agora a nível nacional".

Pela primeira vez, uma reforma atingia profundamente a estrutura do ensino e pela primeira vez uma reforma era imposta a todo território nacional (Romanelli, 1978). Iniciava-se, pois, uma ação mais objetiva do Estado em relação à Educação. Embora de um ponto de vista prático o movimento renovador já tivesse consistência, devido à implantação de reformas educacionais em alguns estados, do ponto de vista teórico ele ainda carecia de objetividade e misturava tendências diferentes. Assim, quando a Associação Brasileira de Educação se reuniu, em 1931, para a realização da IV Conferência Nacional de Educação, o Governo solicitou aos participantes e elaboração de diretrizes para uma política nacional de educação. Nesta ocasião, os líderes do movimento renovador definiram seus princípios através do documento "Manifesto dos Pioneiros da Educação Nova", dirigido ao povo e ao Governo.

O Manifesto elaborado por Fernando de Azevedo e assinado por 26 educadores brasileiros, tratava a educação como um problema social, o que constituía significativo avanço, já que a Sociologia aplicada à Educação apenas se iniciava. As principais colocações do Manifesto foram: a proclamação da educação como um direito individual que deve ser assegurado a todos, a atribuição ao Estado do dever de garantir essa educação através da escola pública gratuita, obrigatória e leiga e a rejeição da educação-privilégio.

O Manifesto dos Pioneiros mencionava "a seleção de alunos nas suas aptidões naturais, a supressão de instituições criadoras de diferenças sobre base econômica". Em Minas se desenvolviam pesquisas destinadas a analisar tais aptidões como aspectos psicologicamente determinados, deixando de lado a influência social. Nesse período, a professora Helena Antipoff desenvolveu seu trabalho sobre caracterização do escolar mineiro e surgiram várias publicações sobre diferenças individuais e classes homogêneas.

O movimento renovador teve, a partir de 1931, suas vitórias e derrotas. A mais eloquente vitória foi representada pela Constituição de 1934, cujo capítulo II – Da Educação e da Cultura – representa em sua quase totalidade uma coerência com as reivindicações do Manifesto. A Constituição de 1937, promulgada em função do golpe de Estado que instalou o Estado Novo, ao tratar do problema da educação não teve a mesma amplitude da Constituição de 1934. Em lugar de confirmar o dever do Estado de assegurar a todos a educação, ela proclamava a liberdade da iniciativa individual e de associações ou pessoas, públicas ou particulares quanto à promoção do ensino. Em seu artigo 150, parágrafo único, a Constituição estabelece que:

> "...O Plano Nacional de Educação (...) obedecerá às seguintes normas: (...)
> e) limitação da matrícula à capacidade didática do estabelecimento e seleção por meio de provas de inteligência e aproveitamento, ou por processos objetivos apropriados à finalidade do curso".

A ênfase dada pela Constituição de 1937 aos testes de inteligência evidencia a importância atribuída, na época, à perspectiva psicológica, embora o conceito de inteligência abordasse principalmente o que era possível de ser alcançado pelas crianças provenientes de classes economicamente altas. Neste momento, não se reservava à ciência sociológica o papel de destaque que era atribuído à Psicologia, pois certamente não existia uma preocupação muito significativa com os problemas sociais.

Comparando, verifica-se que a Constituição de 1937, fruto do Estado Novo, coloca em hibernação as lutas ideológicas suscitadas pelos problemas educacionais. Enquanto a Constituição de 1934 considerava a educação dever do Estado, a de 1937 só reservava ao Estado uma ação supletiva, "quando faltarem os recursos necessários à educação em instituições particulares". O Estado Novo trouxe um regime conservador, no qual as ideias do movimento de renovação tinham de ser sufocadas. Na realidade, a política do Estado Novo constituía uma versão brasileira do fascismo europeu e sua implantação substituiu a política liberal do governo por um dirigismo estatal.

Todos estes eventos de caráter nacional tinham, sem dúvida, uma repercussão estadual. A ênfase dada à escola pública, a preocupação com a melhoria do ensino, especialmente o primário, a incorporação dos estudos de magistério à universidade, sugerida pelo Manifesto, tiveram sua repercussão em Minas através do grande desenvolvimento da escola primária, da ênfase ao Curso Normal que preparava professoras primárias e do prestígio crescente da Escola de Aperfeiçoamento, que formava orientadoras técnicas e diretoras para a escola primária.

A proposta de incorporação dos estudos de magistério à Universidade, sugerida pelo Manifesto dos Pioneiros, está provavelmente, na raiz da criação em 1939 da Faculdade de Filosofia de Belo Horizonte (mais tarde Faculdade de Filosofia da Universidade de Minas Gerais – UMG e depois de federalizada Universidade Federal de Minas Gerais -UFMG). Em 1943, foi criada a Faculdade de Filosofia Santa Maria, que foi incorporada a Universidade Católica. A esse respeito, comentou um entrevistado:

> "A iniciativa de se fundar a Faculdade de Filosofia da Universidade de Minas Gerais partiu de um grupo de professores idealistas, alguns deles ligados à colônia italiana no Estado. Não havia toda esta burocracia de hoje e foi tudo muito rápido. Logo que o grupo se organizou, conseguiu colocar a escola

funcionando no prédio do Colégio Marconi, que era colégio particular, ali na Av. do Contorno, perto do 12°RI. Isto foi em 1939. Só em 1946 a Universidade incorporou esta Faculdade".

A Faculdade de Filosofia de Belo Horizonte, atualmente denominada Faculdade de Filosofia e Ciências Humanas da UFMG foi criada pelo Decreto-Lei nº 1190, de 4 de abril de 1939 e instalada em 21 de abril do mesmo ano. Seu funcionamento foi autorizado pelo Decreto n° 6483, de 5 de novembro de 1940; inspecionada pelo Governo desde 1940. A Faculdade foi reconhecida pelo Decreto nº 20825, de 26 de março de 1946 e em 30 de julho de 1948 foi incorporada à Universidade de Minas Gerais e federalizada pelo Decreto-Lei nº 971/49. Os objetivos da nova Faculdade e a caracterização do grupo responsável por ela são assim expostos por um dos entrevistados:

> "Até a criação das faculdades de filosofia os professores dos colégios eram médicos, farmacêuticos, bacharéis em direito, que se dispunham a dar aulas e conseguiam até com sucesso, porque sua cultura era muito bem fundamentada. A Faculdade de Filosofia queria passar a formar os professores de todas as matérias. Era uma coisa muito ousada, mas os professores que se uniram para criar a escola eram pessoas respeitáveis, de grande envergadura, alguns deles ocupavam até postos elevados no Governo. Eu me lembro do Dr. Lúcio dos Santos, do Dr. Guilhermino César..."

Sobre a estrutura dos cursos e o papel neles desempenhado pela Psicologia da Educação é claro o seguinte relato:

> "Os cursos da Faculdade de Filosofia tinham a duração de três anos, após os quais o aluno saia bacharel

> e o curso especial de Didática, que dava a licenciatura, tinha a duração de um ano e constituía o que se costumava chamar o 4° ano de Filosofia. Neste 4° ano é que havia Psicologia Educacional, junto com Didática e umas outras disciplinas. Acho que a mais importante mesmo era a Psicologia e a catedrática era D. Helena Antipoff, que depois convidou um ex-aluno para ser seu assistente".

A ligação entre o Curso de Pedagogia e o ensino de Psicologia Educacional é evidenciada não só pela hegemonia da disciplina no curso, como também pelo desempenho da professora titular de Psicologia Educacional – Helena Antipoff, na seleção de candidatos ao curso.

> "Nem todos os cursos da Faculdade tiveram alunos inscritos no início. O curso de Pedagogia, por exemplo, só funcionou depois de 1950. Talvez porque a Escola de Aperfeiçoamento suprisse bem a necessidade de pedagogos".

Fazendo referência ao mesmo fato, outro depoimento:

> "Não me lembro em que data começaram a aparecer alunos para Pedagogia. Sei que a primeira turma foi a de Maria Auxiliadora Brasil, que era ela só. Ela dizia que era a turma mais unida, 100% presente ou 100% ausente. Não sei se nesta época Auxiliadora Brasil já tinha feito o Curso de Administração Escolar.
>
> Anteriormente havia funcionado o Curso de Pedagogia, mas eu acho que ninguém se formou. Impressão que eu tenho, não tenho certeza.; inclusive este curso desapareceu. D. Helena achou nas primeiras tentativas que os candidatos eram péssimos. Teve muito incidente com o vestibular, porque tinha

> prova oral. Eu me lembro uma vez que a aluna estava fazendo exame e ela disse: 'Mas o que te deu na ideia de fazer Pedagogia? Eu acho que você vai ser uma excelente datilógrafa, mas pedagoga nunca vai ser!' Estilo bastante diferente do nosso de tratar um candidato".

O depoimento que se segue faz referência a esse período:

> "No princípio de 1940, eu estava no momento de escolher o curso a seguir e nessa ocasião estava sendo fundada a Faculdade de Filosofia de Minas Gerais por um grupo de professores; era uma faculdade particular, que estava planejada para funcionar na Casa da Itália, que atualmente é a Câmara dos Vereadores de Belo Horizonte, porque o grupo era bastante ligado à colônia italiana; inclusive, alguns professores inicialmente envolvidos na tarefa de criar a escola eram influentes membros da colônia italiana de Belo Horizonte".
>
> "Naquela ocasião... Belo Horizonte... era uma cidade de 180.000 a 200.000 habitantes mais ou menos..."

A Segunda Guerra Mundial, iniciada em 1940, teve também sua repercussão no Brasil. À medida que se acentuava na Europa a derrota do nazifascismo, no Brasil aproximava-se o fim do Estado Novo. Quando submarinos alemães torpedearam navios brasileiros, o povo exigiu nas ruas que o Brasil entrasse na guerra. Este momento foi vivido em Belo Horizonte do seguinte modo:

> "Eu entrei no rádio em 1936... Nessa época (1940) eu tinha uma atividade radiofônica. Mantinha um

programa com estudantes de vários colégios de Belo Horizonte. (...) Me lembro aí que em 1942 eu já fazia parte do programa quando o Brasil declarou guerra à Alemanha e na cidade toda houve um quebra-quebra, inclusive defronte Rádio Guarani. Nós tivemos que iniciar o programa com hinos, marchas etc e pedindo à população para ter um pouco de calma, porque estavam depredando algumas lojas pertencentes às colônias alemã e italiana, porque o Brasil havia declarado guerra ao eixo, então chamado de eixo Roma-Berlim. Então, algumas lojas de propriedade de pessoas de origem italiana ou alemã foram depredadas. Há muito tempo eu até adquiri um volume de um livro de Psiquiatria que verifiquei depois que tinha sido furtado da livraria alemã. Naquela tarde, eu ia apresentar o programa de 5hàs 6h com as alunas do Instituto de Educação. Eu tive que telefonar para o então diretor, professor Tabajara Pedroso, e dizer que não mandasse as meninas porque elas não podiam atravessar as ruas, que estavam em polvorosa com as manifestações populares".

Durante o período da Segunda Grande Guerra – de 1940 a1945, as manifestações contra italianos e alemães, além de constituírem uma identificação popular com a posição do governo, representavam também o desabafo de um povo que vivia sob a ditadura há vários anos. Isto aconteceu em todo o País, especialmente na Capital Federal, Rio de Janeiro.

A partir de 1942, o Ministro da Educação, Gustavo Capanema, promoveu a reforma de alguns ramos do ensino primário e médio. Tais reformas tomaram o nome de Leis Orgânicas do Ensino. Algumas dessas legislações refletiam o momento político vivido pela sociedade brasileira no Estado Novo, regime autoritário. O sistema vivia a contradição das estruturas do poder: de um lado, ele se fundava no populismo nacionalista e de outro expunha uma educação classista, acadêmica, voltada para o preparo das elites. Apesar do clima socialmente tenso, a crítica ao nível da escola não era frequente, conforme se depreende da seguinte fala, referente às aulas na Faculdade de Filosofia em 1940:

> "... que trabalhasse com as coisas concretamente no curso eu só encontrei uma pessoa que tinha uma orientação mais ou menos nesse sentido, que foi o professor Orlando de Carvalho, que lecionava Política. Ele era muito voltado para a análise crítica do que estava ocorrendo, discutia muito os problemas do momento e havia muitos problemas a serem discutidos, porque o Brasil estava em guerra e, ao mesmo tempo, estava numa ditadura; estava lutando contra a ditadura do eixo, mas aqui era uma sucursal da ditadura do eixo".

Em Minas Gerais, quando era interventor Benedito Valadares Ribeiro, algumas medidas totalitárias tomadas nesta ocasião clarificam a visão deste momento político.

> "No governo do interventor Benedito Valadares foi cortada a bolsa que as alunas (da Escola de Aperfeiçoamento) recebiam".
>
> "Quando o Brasil entrou na guerra, o governador, que era o Benedito Valadares, fez entender à direção da escola (Faculdade de Filosofia) que se ela saísse do âmbito dos italianos e mudasse a direção, que era muito ligada aos italianos, ele ajudaria".
>
> "No fim de 44 o governo do estado se recusou a renovar o contrato de D. Helena... Então havia uma cisão dentro da própria Secretaria a respeito do trabalho dela e em 44, quando o contrato venceu no Estado, não foi renovado".

Terminada a guerra em 1945, o descontentamento popular era evidente. Não se podia compreender que o Brasil, que combatera as nações totalitárias, permanecesse num estado totalitário. Getúlio passou a ser pressionado por todos os lados, inclusive por Benedito Valadares, que lhe sugeria a convocação de uma Constituinte e a realização de eleições diretas. Cedendo às pressões políticas, o ditador, em 28 de fevereiro de 1945, reuniu o Ministério e referendou a Lei Constitucional, anunciando a realização de eleições dentro de 3 meses. Além disso, decretou a anistia e muito exilados políticos voltaram ao País.A crise do País atingia, como era de se esperar, a Faculdade de Filosofia de Minas Gerais, como se depreende do seguinte depoimento:

> "Eu tinha então me formado e a Faculdade estava passando por uma crise tremenda. Os professores que inicialmente haviam fundado a escola estavam trabalhando há bastante tempo, quatro ou cinco anos, sem receber; estavam desanimando e abandonando o magistério e os ex-alunos estavam ocupando os lugares para a escola não fechar. As primeiras turmas eram muito entusiasmadas – achavam que aquilo era uma fonte de renovação de ensino. Havia um entusiasmo muito grande, os alunos assumindo muita coisa, fazendo muita campanha nas escolas, indo aos colégios explicar o que eram os cursos... E a gente foi assumindo as cadeiras. Nessa ocasião, eu fui chamado para lecionar História das Doutrinas Econômicas no curso de Ciências Sociais. O professor era José Maria Alkmin; ele estava licenciado, era Secretário de Estado, diretor da Penitenciária, ocupava alto cargo, como muitos que já estavam abandonando também.

> (...) No fim de 44 o governo do Estado se recusou a renovar o contrato de D. Helena... ela não tinha renda nenhuma e foi embora para o Rio... No lugar dela ficou Maria Angélica de Castro, da Escola de Aperfeiçoamento. (...) No fim de 45, Maria Angélica resolveu ir para o interior, lá para Santo Antônio do Monte. A escola ficou num aperto, porque não tinha quem a substituísse ainda mais sem vencimentos, porque não tinha dinheiro para pagamento. Então eles escolheram o aluno de D. Helena que tinha tido a melhor nota com ela. Tinha sido eu e me pediram para ficar. Eu não queria, inicialmente, porque tinha me formado em Ciências Sociais e preferia continuar nessa área. Mas me falaram que estavam muito precisados, e estava muito difícil de achar". (depoimento de Pedro Parafita Bessa)

A partir de 1945, quando assumiu o governo federal o General Eurico Gaspar Dutra, o País retornou à normalidade democrática e, no ano seguinte, consolidando este novo momento, entrou em vigor a Constituição de 1946, (18 de setembro de 1946) cujo texto diverge bastante da Constituição de 1937. Caracterizada pelo espírito liberal, a nova Constituição assegurava a liberdade de pensamento, a liberdade de imprensa, de religião e considerava que o amparo à cultura é dever do Estado. Era dada grande ênfase à educação e à cultura e de acordo com a Constituição que rezava o seguinte:

> "a educação é direito de todos e será dada no lar e na escola; deve inspirar-se nos princípios de liberdade e nos ideais da solidariedade humana" e "o ensino dos diferentes ramos será ministrado pelos poderes públicos, sendo livre à iniciativa particular, respeitadas as leis que o regulem".

Como se vê, a Constituição de 1946 aproximou-se muito da de 1934, que era inspirada nos princípios defendidos pelos pioneiros e, conforme Romanelli (1978) é

> "um documento de inspiração ideológica liberal democrática... e o seu liberalismo difere da filosofia liberal inspiradora da política econômica europeia dos séculos XVIII e XIX".

A criação da Universidade Católica de Minas Gerais também se deu sob a inspiração da liberal democracia. Ao longo de anos, foram surgindo escolas isoladas, todas marcadas pela preservação dos princípios religiosos, como mostram os depoimentos abaixo:

> "Nesses anos, Minas viveu um clima de euforia pedagógica. Um grupo de educadores uniu-se para criar a Faculdade de Filosofia. Não tinha dinheiro, só idealismo, mas vingou. O sentimento religioso era muito forte e para garantir o ensino que respeitasse os ideais católicos o senhor bispo logo orientou a criação de outra Faculdade de Filosofia. Belo Horizonte era uma cidade muito pequena, nem comportava duas faculdades, mas..."
>
> "Aí, eu concluí meu curso médico e logo em seguida – as datas eu não sei precisar de memória – eu fui convidado a lecionar na Escola de Serviço Social. A escola era particular, não pertencia ainda à Universidade Católica e o diretor era o Padre Aguinaldo Leal. Posteriormente passou para a Universidade Católica. Eu lecionava Noções de Psiquiatria e Higiene Mental. Lecionei vários anos lá. Depois, em 1952, eu fui convidado por Dom Cabral para ajudá-lo a organizar a Faculdade de Ciências Médicas. A ideia inicial tinha sido de um grupo de médicos

> da Santa Casa e vários deles não eram católicos. Naquela época, a preocupação religiosa era muito forte e eu fazia parte da Ação Católica e tinha uma atuação bastante grande neste setor. Numa época em que havia muito radicalismo religioso, preconceito contra os nãoreligiosos, Dom Cabral (o arcebispo) não tinha preconceitos e vivia bem com os não religiosos ou não católicos. Ele era muito cordial. Então ele pediu que um grupo de médicos mais ligados à Católica entrasse na equipe que ia organizar a Faculdade de Ciências Médicas, para evitar que houvesse um ensino meramente tecnológico ou científico, sem uma noção mais global do ser humano. Trabalhei com muito encanto sem nunca haver atrito. A Universidade começou a surgir e, para surpresa minha, recentemente, tomei conhecimento de que eu era um dos fundadores da PUC. Nessa ocasião, eu colaborei com Dom Cabral e sou um dos assinantes da ata de fundação da Universidade. Me lembro bem que foi até o professor José Tavares de Souza, que foi durante muito tempo Secretário da PUC quem me telefonou: 'Olhe, o Dom Cabral está precisando de você. Apareça lá que nós estamos organizando uma sociedade para manter a escola'. Então, foi a Sociedade Mineira de Cultura, que posteriormente organizou a Católica".

A Faculdade de Filosofia, Ciências e Letras Santa Maria, cuja história é mais diretamente ligada aos interesses deste trabalho, foi fundada em 1945 e é uma das escolas isoladas que vieram a constituir a Universidade Católica, juntamente com a Escola de Serviço Social e a Faculdade Mineira de Direito.

A Lei Orgânica do Ensino Primário (Lei nº 8529, de 2 de janeiro de 1946) definiu o interesse do Governo Central em traçar diretrizes nacionais para este nível de ensino, antes ligado à administração estadual. Também as Escolas Normais, que eram submetidas à alçada dos Estados, tiveram sua organização fundada em diretrizes estabelecidas pelo Governo Federal, através da Lei Orgânica do Ensino Normal (Decreto-Lei n° 8530, de 2 de janeiro de 1946).Surgiram, nesta ocasião, os Institutos de Educação, que deviam ter as seguintes finalidades:

1. Prover a formação do pessoal docente necessário às escolas primárias;
2. Habilitar administradores escolares destinados a estas escolas;
3. Desenvolver e propagar os conhecimentos e técnicas relativos à educação da infância.

Os Institutos de Educação passaram a funcionar mantendo classes primárias e jardim da infância para as aulas de demonstração; curso de 1º ciclo do ensino secundário - ginasial, com quatro séries; curso de 2° ciclo do ensino normal, com duração de 3 anos; cursos pós-normais de administração escolar, destinados a habilitar pessoal para a direção de escolas e orientação do ensino primário e outros cursos destinados a especializar professores para a educação pré-primária, ensino complementar primário, ensino supletivo, desenho e artes aplicadas, música e atuação em bibliotecas escolares.

Em Minas, o Decreto nº 1666, de 29 de janeiro de 1946 criou o Instituto de Educação de Minas Gerais, que incorporou à Escola Normal a Escola de Aperfeiçoamento, agora transformada em Curso de Administração Escolar. Sobre este momento, um dos atores fez a seguinte observação:

> "Em 1946 a Escola de Aperfeiçoamento foi extinta, no governo do interventor Nísio Batista. Nesta ocasião, foram criados os Institutos de Educação e não havia interesse em manter uma escola que tivesse o mesmo objetivo que outra que deveria integrar um instituto de educação. Em lugar da Escola de Aperfeiçoamento foi criado o Curso de Administração Escolar. Mudou muito a qualidade do ensino".

Nos cursos Normais e Pós-normais do Instituto de Educação, a Psicologia Educacional teve um papel privilegiado, como ciência que fundamentava a Metodologia do Ensino Primário. Isto ficará claro em outras partes deste trabalho.

A década de 1940, como já foi enfatizado, foi marcada pela ideologia democrática liberal. A defesa da educação como direito de todos tem sua contrapartida na hipótese de que as pessoas não são igualmente dotadas pela natureza para usufruírem da oportunidade que o Estado lhes dá. Campos (1980) considerou, em sua dissertação de Mestrado em Educação, que os testes psicológicos, muito usados e desenvolvidos durante o período de guerra, davam suporte à ideia de que o quociente intelectual é um fator que influencia o desenvolvimento das crianças facilitando ou dificultando a aprendizagem de cada uma delas.

No clima social da época e, por certo, com esta crença, o Rio de Janeiro, capital federal, partiu para a criação de um Instituto de Seleção e Orientação Profissional (ISOP) que, usando os testes psicológicos, pretendia caracterizar as pessoas, orientando seu exercício para o desempenho de atividades adequadas às suas aptidões.

A instalação do ISOP no Rio de Janeiro teve especial importância para a criação posterior do SOSP (Serviço de

Orientação e Seleção Profissional), em Belo Horizonte, de acordo com o relato do Prof. Pedro Parafita Bessa:

> "Em 1946, eu comecei a ter contatos com pessoas de outros lugares. Em 1947, com o ISOP, do Rio... Nas férias, eu fui para o Rio e estava sendo fundado o ISOP. Várias pessoas trabalhavam lá. Então eu fui lá procurar o Dr. Mira Y. Lopez... fiquei lá essas férias todas..."

A criação do SOSP em Minas Gerais adveio da possibilidade que a Administração Pública encontrou de classificar os candidatos a cargos públicos de acordo com suas aptidões, conforme os critérios considerados científicos à época. O SOSP foi criado pela Lei n° 482, de 11 de novembro de 1949, com o objetivo de

> "orientar vocações no meio escolar e estabelecer critérios para a seleção do pessoal destinado à administração pública e organizações particulares".

A inserção do SOSP no quadro político da época é assim apresentada:

> "Em 1946 foi eleito o Milton Campos. Em 47, o Abgar, que era o Secretário, resolveu fundar os cursos de férias, no Instituto de Educação; eram cursos de férias em julho e janeiro. O Manuel Casasanta, que eu o conhecia há bastante tempo, era uma pessoa minha amiga; eu gostava muito dele. O Manuel Casasanta me procurou e falou: – Olha, estamos querendo saber se o Dr. Mira se disporia a vir dar um curso aqui. Será que você podia tratar disto? – Eu respondi que podia ser, e fiquei satisfeito de ele vir. Ai, não sei se escrevi ou telefonei pra ele e

o Dr. Mira, muito contente, disse que vinha. Desta vinda aqui surgiu a ideia de fundar o SOSP. Conversando, o Mira falou que estava criando no Rio o ISOP, contou como era. O Abgar se interessou e eles fundaram o SOSP em 1949; aí o Mira falou comigo para comprar as revistas e fosse pra lá pra eu trabalhar. Nesta ocasião meu pai era jornalista e fazia a maior campanha contra o Milton Campos, ele era da oposição e todo dia escrevia um artigo contra a administração do Milton Campos; aí o Mira falou com o Abgar que queria que eu fosse trabalhar no SOSP. Mais tarde o Mira me contou que o Abgar respondeu pra ele: 'Olha… o pai dele… não sei se o Governador vai aceitar, porque tudo que o Governador faz está errado pra ele, então eu não sei se ele vai aceitar…' Mas, ele falou com o Milton, que disse: 'Bom isto é o pai dele, mas se o rapaz é competente, se o Mira acha que ele é competente, acha que ele deve ser chamado eu não vejo objeção, pode chamar, tudo bem'. Aí eu fui contratado no governo do Milton Campos nestas condições, o que fala muito a favor do Milton que era pessoa de grandeza enorme".

Este depoimento revela a importância dos diretores de cena que apresentam o espetáculo político no cenário nacional. A percepção do caráter do mesmo governante é exposta por outro ator:

"O Dr. Milton Campos foi, provavelmente, o mais digno dos estadistas que já passaram pelo Palácio da Liberdade. Saiu do governo pobre como entrou. Nunca perseguiu seus adversários políticos. Na época, não sei se ele ou Abgar Renault, que era seu Secretário da Educação, usavam convidar professores de renome para cursos e conferências. Um deles

> foi o Dr. Mira Y. Lopez, graças à influência do qual surgiria, depois, o SOSP".

Em relação ao desenvolvimento da Psicologia à época, assim se situava o SOSP:

> "Num País subdesenvolvido como o Brasil, as notícias chegavam com certo atraso. O grande desenvolvimento dos testes na 2ª Grande Guerra só chegou ao Brasil quase 10 anos depois e foi ligado à seletividade na empresa e na escola usando como base as aptidões. Em Minas, essas ideias deram origem ao SOSP, ao Serviço de Psicologia do DETRAN, aos serviços de Psicologia de grandes empresas como USIMINAS e MANESMANN e à Escola de Titulados do Banco da Lavoura".

Embora defendesse a organização do sistema educacional conforme um modelo de descentralização pedagógica e administrativa, a Constituição de 1946 propunha que a União assumisse seu papel, legislando sobre as diretrizes e bases da educação nacional (Art. 5º, item "d"). Assim, Clemente Mariani, Ministro da Educação, constituiu uma comissão de educadores, presidida pelo Prof. Lourenço Filho, com o objetivo de estudar e propor um projeto de reforma geral da educação nacional. Em novembro de 1948 deu entrada na Câmara Federal o anteprojeto mais debatido da educação brasileira, que só veio a transformar-se na Lei de Diretrizes e Bases da Educação Nacional (Lei nº 4024) em dezembro de 1961.

Num primeiro período, que vai da apresentação do projeto até 1958, houve um debate mais prolongado, e as divergências giraram em torno de interpretações do texto constitucional. Em 1948, devido a um parecer de Gustavo

Capanema, o projeto foi arquivado; quando em 1951 foi pedida sua exumação, ele se havia extraviado. Determinou-se, então, sua recomposição, o que foi feito com o auxílio de diversas subcomissões. Anexou-se a este outro projeto, de autoria de Associação Brasileira de Educação e vários educadores foram convidados a comparecer perante a Comissão de Educação e Cultura da Câmara Federal dos Deputados para debater.

Após o transcurso de 10 anos, durante os quais as discussões giraram em torno da centralização X descentralização do ensino, iniciou-se em dezembro de 1958 um segundo período de tramitação do projeto. Nesta época, o Deputado Carlos Lacerda apresentou um substitutivo que deslocou o eixo das discussões para a luta contra o monopólio estatal e em favor das instituições privadas de ensino.

Na verdade, devido à falta de recursos, o Estado brasileiro nunca manteve, realmente, o monopólio de ensino. Além disso, o ramo preferido pela escola particular era o ensino secundário e não a educação primária. Deve-se realçar, também, que a iniciativa privada tinha seus direitos assegurados pela Constituição. Para explicar, a luta das correntes privatistas, Romanelli (1978) registra que "a Igreja esteve sempre comprometida com uma ordem social que se baseava numa organização dual de características aristocráticas". Além dos interesses econômicos em jogo, este movimento representava uma manifestação das forças conservadoras, que temiam a democratização da vida nacional.

Na década de 1950, as correntes progressistas ampliaram sua luta, organizando debates em escolas, conferências públicas e usando o recurso da imprensa. Surgiu, assim, um segundo Manifesto dos Educadores, também redigido por Fernando de Azevedo e assinado por 139 pessoas, entre intelectuais, professores e estudantes. Desta vez, contudo, o Manifesto não se orientava pelos princípios da Escola Nova, mas tratava do aspecto social da educação, insistindo na necessidade de o Estado Democrático não só cuidar da sobrevivência da escola pública, mas de assegurá-la a todos. Um dos entrevistados observa:

> "Eu fiz Faculdade em 1955 ou 56 até perto de 60. Logo depois comecei a lecionar na Escola. No meu curso havia muita ênfase à Psicologia, mas Sociologia também era muito destacada. O Morse era o professor. Às vezes ele adoecia e o interesse era tanto que os alunos iam procurá-lo".

Diversos acontecimentos políticos importantes tiveram lugar em meados da década de 1950 e início dos anos 1960. Após o suicídio de Getúlio Vargas em 1954, seguiu-se um período de instabilidade que deixou clara a luta ideológica em torno dos rumos do desenvolvimento econômico. Em 1955, foi eleito o Presidente Juscelino Kubitschek de Oliveira, ex-governador de Minas, cujo governo foi marcado por certo otimismo e até caracterizado pela ideologia desenvolvimentista.

> "Juscelino era mineiro de Diamantina, havia sido Prefeito da capital, era professor da Faculdade de Ciências Médicas. Tinha uma oratória excelente e nos comícios dava oportunidade ao povo de se manifestar. As suas metas foram definidas nos palanques onde as questões colocadas eram transformadas em promessas".

Do ponto de vista político, o governo do Presidente Juscelino Kubitschek de Oliveira dava continuidade à política de massas e ao populismo de Getúlio Vargas; do ponto de vista econômico, foram abertas as portas ao capital estrangeiro, que resultou na expansão industrial e na implantação das multinacionais. Tais medidas aprofundaram a distância entre o modelo político e a expansão econômica e, em consequência, radicalizaram-se as posições de esquerda e direita.

O capital estrangeiro, especialmente o americano, foi injetado também na educação e é consequência disto o Programa Brasileiro-Americano de Assistência ao Ensino Elementar. Tal programa decorre de um plano de cooperação do governo dos Estados Unidos com os países subdesenvolvidos, o qual era explicitado no discurso de posse do Presidente Truman, em janeiro de 1950:

> "Ponto IV: Devemos investir num arrojado programa novo para tornar os benefícios de nossos avanços científicos e progressos industriais úteis ao crescimento e desenvolvimento de áreas subdesenvolvidas".

Com base neste ponto do discurso, o Ministro da Educação e Cultura do Brasil, em ofício datado de 11/04/1956solicitou assistência técnica da United States Operations Mission para o Brasil (USOM). Pretendia-se a criação de um Centro Experimental Piloto, no Instituto de Educação de Minas Gerais e o ofício teve o endosso do Governo de Minas Gerais e da Direção Nacional do Instituto Nacional de Estudos Pedagógicos (INEP).

O PABAEE foi um programa de assistência ao ensino primário, planejado através da Divisão de Educação da USOM, e oficializado através de um acordo firmado pelo Ministro da Educação e Cultura do Brasil, pelo Governador do Estado de Minas Gerais e pelo Diretor da USOM no

Brasil. Quanto aos objetivos do Programa, é a seguinte a explicitação do Manual de Política e Operações, adotado a partir de 20/05/1957:

> "1. Introduzir e demonstrar, a educadores brasileiros, métodos e técnicas utilizadas na educação primária, promovendo a análise, aplicação e adaptação dos mesmos, a fim de atender às necessidades comunitárias em relação à educação, por meio do estímulo à iniciativa do professor, no sentido de contínuo crescimento e aperfeiçoamento;
> 2. Criar, demonstrar e adaptar material didático e equipamento, com base na análise de recursos disponíveis no Brasil e em outros países, no campo da educação primária;
> 3. Selecionar professores, na base de competência profissional, trabalho e conhecimento da língua inglesa, a fim de serem enviados aos Estados Unidos para cursos avançados, no campo da educação primária".

A percepção dos componentes do 1º grupo que partiu para especializar-se nos Estados Unidos é expressa no seguinte depoimento:

> "Fomos para os Estados Unidos em 1956, entusiasmadas com a ideia de formar uma missão. A gente conhecia de tradição a missão de 30 e aquela ia ser a missão dos anos 50, só que já numa fase diferente, porque formada por gente daqui. A nossa visão das coisas era muito preocupada com o que ocorre dentro da escola e dentro da sala de aula, mas em nenhum momento era limitada a isto. (...) Eu me pergunto hoje se não era um nome diferente para uma situação que hoje se chama política e a meu ver devia chamar-se social, enfim, as intenções

> convergem para objetivos que são sociais e políticos ao mesmo tempo. Era um convênio de âmbito nacional e Minas era a sede".

Fica clara nesta fala a idealização, no sentido proposto por Goffman. O grupo que foi se formar nos Estados Unidos pretendia estar participando de um ato tão heroico quanto a missão desenvolvida a partir da Missão Europeia em 1928 e aspirava mais, atribuindo-se um papel social e político. Convivendo no mesmo espaço físico, os dois grupos – o da Escola de Aperfeiçoamento (agora Curso de Administração Escolar) e o do PABAEE viveram momentos de discordância quanto aos métodos pedagógicos e ao papel e aos fins atribuídos à educação e consequentemente à contribuição da Psicologia para a tarefa de educar.

As diretrizes para os diversos níveis de ensino ocuparam a discussão na Câmara Federal durante 13 anos. Discutia-se o papel do Estado na promoção da educação, questionava-se o ensino leigo, o ensino privado e o público geravam posicionamento dos parlamentares. finalmente, em 20 de dezembro de 1961, João Goulart assinou a Lei de Diretrizes e Bases da Educação – Lei nº 4024/61, que definiu as questões levantadas.

A formação de profissionais para atuarem como psicólogos se fazia, até o final da década de 1950, nos cursos de Filosofia, Pedagogia, Ciências Sociais e Medicina e os que pretendiam se dedicar ao trabalho com a Psicologia concluíam sua formação em instituições especializadas na aplicação de testes psicológicos, no acompanhamento de crianças e adolescentes e na busca de soluções para dificuldades de aprendizagem.

Em 1957, entretanto, a Universidade Católica deu um passo importante para a formação desses profissionais, com a criação do curso de Orientação Educacional, cujo público foi constituído por profissionais já graduados em outros cursos. Em 1958, a mesma Universidade criou o Cursos de Psicologia, tendo como professores os mesmos que atuavam no curso de Orientação Educacional. Em 14 de março de 1959, em reunião do Conselho Universitário da Universidade Católica de Minas Gerais, foi aprovada a criação do Instituto de Psicologia, que passou a oferecer os dois cursos. Os professores Pedro Parafita Bessa e Pedro Paulo Cristovam dos Santos foram indicados, respectivamente, Diretor e vice-diretor do Instituto.

O movimento de formação e profissionalização de psicólogos teve uma relação muito importante com o Curso de Orientação Educacional, ministrado na Universidade Católica e na Universidade Federal, conforme se infere no documento seguinte:

> "Quando terminei o curso de Pedagogia, em 1961, havia o curso de Orientação Educacional. Para Orientação Educacional tinha que se fazer novo vestibular e também laudo psicológico e era curso a nível de pós-graduação. Era um curso ao qual concorriam egressos de Educação Física, professores de ensino médio com registro no MEC, bacharéis e licenciados em Filosofia e Pedagogia. Este curso tinha uma carga de Psicologia muito grande e ainda abordava os Princípios e Métodos de Orientação Educacional, Estudo de Casos e Dinâmica de Grupo. O curso durava dois anos e ainda havia o estágio supervisionado".

Pode-se inferir, analisando-se o currículo do curso, que na realidade ele visava ao exercício do psicólogo tanto em escolas quanto nas áreas organizacional e de saúde.

A regulamentação da profissão do psicólogo, que aconteceu em 1962 e a criação do Curso de Psicologia na Universidade Federal assegurariam à Psicologia uma posição mais elevada, como se depreende do seguinte depoimento:

> "...em agosto de 1962 foi criada a profissão de psicólogo... As pessoas que já estavam lidando com Psicologia deviam preparar currículo documentado e remeter ao Conselho Federal de Educação para análise dos diversos casos e aproveitamento dos estudos".
>
> "... o projeto de lei que tramitava no Congresso previa que os formandos em Psicologia e Filosofia que tivessem um curso de especialização teriam direito ao registro como profissionais".

Na educação já se fazia sentir o fracasso da Lei nº 4024/61, quando irrompeu o movimento de 31 de março de 1964. Ocorreu, então, uma redefinição do jogo político, representada pelo esforço do poder executivo, pela cessação do protesto social e intenso controle feito pelo Conselho de Segurança Nacional e pela centralização e modernização da administração pública. Portanto, registra-se uma mudança significativa nos rumos do desenvolvimento após 1964 e isto se reflete na educação.

De 1964 a 1968, quando se implantou o novo regime e foram traçados os rumos da política de recuperação econômica, houve repressão e contenção dos movimentos estudantis, ao mesmo tempo que aumentava a demanda social da educação, o que levava ao estrangulamento a crise do sistema educacional brasileiro. Os convênios assinados entre MEC (Ministério de Educação e Cultura) e a USAID (United States Agency for International Development) para assistência técnica e cooperação financeira à organização do sistema educacional encontraram justificativa nesta crise.

O magistério de Ciências Humanas e entre elas de Psicologia foi afetado pelo ambiente político pós-revolucionário, como se pode concluir dos seguintes relatos:

> "A partir de 1964 houve muita repressão. Foram presos muitos professores, falavam que em cada classe havia uma pessoa espionando o que você falava... A gente tinha medo de falar, de fazer qualquer crítica ao Governo e ser descoberto. Na Universidade, os alunos mais exaltados eram os da FAFICH. De vez em quando, eles começavam um movimento que era logo abafado".
>
> "Para quem foi acostumado, durante anos, a ter comportamento crítico durante Congressos e no próprio ambiente das faculdades, silenciar de repente era uma violência. As coisas foram sendo sufocadas, mas em 68 ou 69 não deu mais... aconteceu aquele movimento da FAFICH, do qual o Bessa, que era Diretor, saiu aposentado. Falo deste movimento porque aconteceu mais perto de mim, mas foi no Brasil todo, no Rio principalmente".

A partir da segunda metade da década de 1960, houve no Brasil grande expansão do ensino superior. Na capital mineira, a insuficiência da Universidade Federal e da Universidade Católica para atenderem toda a população que concluía o 2º grau e aspirava o ingresso em curso superior motivou o aparecimento de faculdades isoladas, fruto da iniciativa particular. Nesta ocasião, proliferavam na Capital e no interior tais instituições, especialmente na área de Ciências Humanas, cujo custo era mais baixo, por não requererem laboratórios ou equipamentos. As cidades maiores do interior do Estado começaram a almejar *status* mais elevado através da criação de suas faculdades e todo um processo político era acionado para atender este objetivo. Em Belo Horizonte, surgiram também novas faculdades:

- A Faculdade de Filosofia, Ciências e Letras de Belo Horizonte – FAFI-BH, fundada em 15 de março de 1964 por um grupo de professores do Colégio Estadual, os quais assumiram durante anos sua condução;
- A Faculdade de Ciências Humanas da FUMEC (Fundação Mineira de Educação e Cultura), que teve início em 1969, embora tenha sido autorizada pelo Decreto nº 69.462, de 4 de novembro de 1971
- A Faculdade de Ciências Humanas do Instituto Newton Paiva Ferreira, que surgiu como um dos prolongamentos de um colégio belorizontino – o Colégio Anchieta – devido ao esforço de um educador – Newton Paiva Ferreira. Em 1972 o Instituto Newton Paiva Ferreira, foi criado com duas faculdades – a FAFI – Faculdade de Filosofia – e a FAFEC – Faculdade de Ciências Contábeis, Administração e Econômicas, as quais oferecem oito cursos. Essa instituição ofereceu o curso de Psicologia a partir de 1976.

Em 1962, havia sido criado o Conselho Nacional de Educação, que definia as regras para o funcionamento das escolas. A partir de 1965, o Conselho tornou-se mais rigoroso a respeito da autorização de funcionamento das instituições de ensino superior, fazendo exigências que poderiam garantir a qualidade do ensino.

O período compreendido entre 1964 e 1969, quando o regime militar pós-revolucionário impôs suas regras de funcionamento, foi o mais tenso do ponto de vista político-social. Os atos institucionais destinados a conter movimentos que pudessem vir a alterar a ordem, as frequentes prisões de pessoas que expressassem discordância em relação ao governo, os inquéritos a que eram as mesmas submetidas, compunham o quadro repressivo deste momento. A narrativa feita por uma professora de Psicologia da Educação de um dos diversos episódios ocorridos neste período ilustra bem o ambiente universitário da época:

> "... a partir de 1965... numa época de repressão maior... quando acabaram os D. As. e os estudantes que tinham atuado nestes D. As. começaram a ser seguidos, observados... No auge da repressão... houve problemas bastante sérios e eu fui procurada por pessoas que estavam realmente envolvidas no processo e algumas vezes eu amparei emocionalmente pessoas que estavam sendo perseguidas, que estavam fugindo, que estavam escondidas. Era muito difícil poder confiar em alguém, até mesmo para desabafar... Houve lances que quase me levaram a um posicionamento".

Já segundo outro depoimento:

> "Nesta época (referindo-se ao período de 1966/67) a Faculdade estava tendo grandes dificuldades financeiras por questão de cortes de verbas e parece que resolveu publicar um memorial reivindicando essas verbas. Disseram-me que o presidente (Costa e Silva) ficou indignado...Foram dois anos difíceis: 68 e 69; eu assumi em fevereiro de 68 a Direção da Escola que estava em crise e lá por outubro houve

> o cerco da escola, o qual se consumou na ocupação geral da Escola. Os alunos se trancaram nos andares superiores e a polícia não entrou nesses andares".

A partir de 1968, foram tomadas medidas práticas, destinadas a resolver os problemas imediatos ditados pela crise. Surgiu, assim, a necessidade de se reformar imediatamente o sistema educacional, adequando-o ao modelo de desenvolvimento econômico que então se intensificava no País. Foram organizadas comissões, destinadas a definir a nova política educacional e a principal delas foi a Comissão Meira Matos, cujo objetivo principal era atuar como interventora nos focos de agitação estudantil e propor medidas de reforma. Outra Comissão que desempenhou importante papel foi o Grupo de Trabalho da Reforma Universitária, que apresentou o anteprojeto da Lei 5540, promulgada em 28 de novembro de 1968 e que fixou as normas para a organização e funcionamento do ensino superior. Resultam, ainda, das comissões de estudo e medidas práticas destinadas a:

a) Aumento da matrícula no ensino superior: Decreto-Lei nº 405, de 31 de dezembro de 1968 e nº 574, de 8 de maio de 1969;
b) Contenção dos protestos estudantis: Decreto-Lei nº 477, de 11 de fevereiro de 1969.

As medidas estenderam-se também ao 1º grau e em 11 de agosto de 1971 foi promulgada a Lei nº 5692, que reformulou o ensino de 1º e 2º graus. A implantação da Reforma Universitária trouxe algumas alterações imediatas: a departamentalização da Universidade foi uma delas e é assim retratada por um dos atores:

> "Agora que estamos falando sobre isto, me vem à cabeça a ideia de que a criação dos Departamentos é a aplicação do princípio maquiavélico de dividir para governar".

Até então, o que era considerado papel principal da universidade era o ensino, dando-se pouco realce à pesquisa, especialmente nas áreas de ciências humanas e sociais. A partir da Reforma Universitária, entretanto, ficou realçada a tríplice função da Universidade: ensino, pesquisa e extensão.

> "De repente, os professores, mesmo os da área de Ciências Humanas começaram a ter de produzir pesquisas e a planejar atividades de extensão. Deixou de ser só aula. Aí, foi preciso a gente estudar Metodologia de Pesquisa... pensar um jeito de a escola atingir o povo..."

Outra grande alteração foi o destaque para as Universidades como centros de formação em nível superior, só excepcionalmente admitindo-se os estabelecimentos isolados. O Conselho Federal de Educação tornou-se rigoroso a este respeito:

> "Naquela época o Conselho Federal de Educação estava rigoroso a respeito da criação das escolas. Tinham surgido escolas isoladas em quantidade e neste momento nem estava sendo possível controlar o funcionamento delas. Parece-me até que proibiram a criação de certos cursos; o de Psicologia foi um deles".

A Lei 5692/71, implantada à mesma época, estabelecia que a formação de especialistas em educação deveria ser realizada em cursos de nível superior. Daí adveio a reestruturação dos cursos de Pedagogia, à qual é feita a seguinte referência:

> "Mais tarde, em 69 ou 70, veio a reforma de ensino, foi apresentada a reestruturação do Curso de Pedagogia. Era tudo muito discutido, mas ao mesmo tempo as discussões eram reprimidas. Quando saiu a tal reforma do curso de Pedagogia nós entramos num conflito: primeiro, porque reduziu o curso de Pedagogia, segundo, porque a especialização nós achávamos que era muito precoce".

A ênfase dada à formação pedagógica aliada à departamentalização da Universidade resultou no desmembramento da Faculdade de Filosofia e na criação da Faculdade de Educação, que passou a ser uma unidade do sistema profissional, ligada ao setor de Ciências Sociais. A forma pela qual se deram as mudanças é assim retratada:

> "Foi um período de muitas mudanças e elas aconteciam mesmo antes de serem definidas no Ministério da Educação".
>
> "Parece que foi em 68 ou 69 que professor Fontes ficou como diretor... Eu sei que na época em que o Prof. Fontes ficou como Diretor ele pegou e separou mesmo. Tanto que não tinha sido nem aprovado ainda no Ministério da Educação, no Conselho Federal de Educação, mas com o Prof. Fontes começou a funcionar em termos de faculdade".

A necessidade de se formar o especialista em educação em curso de nível superior teve repercussões também no Instituto de Educação de Minas Gerais, onde funcionava o Curso de Administração Escolar, remanescente da Escola de Aperfeiçoamento de Professores:

> "Com a Lei 5692/71 a formação do especialista em educação teve de ser reestruturada – só podia ser feita em curso superior. Aí, o curso (refere-se ao curso de Administração Escolar do Instituto de Educação) teve de ser transformado em Pedagogia. Foi aquela luta, porque havia uma resistência a escolas isoladas e funcionando no Instituto seria uma escola isolada".

O Curso de Administração Escolar do Instituto de Educação, uma vez reestruturado, deu origem ao Curso de Pedagogia, criado pela Lei Estadual no. 5099, de 1o. de dezembro de 1969, sendo regulamentado pelo Decreto no. 12.235, de 1o. de dezembro do mesmo ano. De acordo com o ponto de vista de alguns dos entrevistados, a mudança não teve apenas frutos benéficos, como era de se esperar.

> "Não se pode comparar o trabalho que era feito pelo Curso de Administração com o que passou a ser feito pelo Curso de Pedagogia. Antes, a entrada era condicionada a professores da rede pública com anos de experiência, os professores eram estudiosos reconhecidos, com uma vasta experiência, as aulas de demonstração ministradas no primeiro grau do Instituto, Depois a entrada ficou aberta para alunos que tivessem concluído o primeiro grau, muitos professores novos foram acrescentados e os antigos enfrentaram problemas.

Os antigos docentes do Curso de Administração haviam sido formados nos Estados Unidos e na Europa, mas não possuíam o diploma de conclusão de curso superior, como é exigido do professor universitário no Brasil. Por isso, além da exigência legal, tiveram de enfrentar a pressão de uma associação recém-criada a APLIMIG (Associação de Professores Licenciados de Minas Gerais) que reivindicava que as vagas do magistério do novo curso de Pedagogia fossem ocupadas por professores licenciados. Este momento é assim apresentado por uma das professoras:

> "De repente, nos vimos diante da emergência de licenciar nossos professores antigos, que haviam se formado na Universidade de Columbia e os recém-admitidos, que haviam sido alunos do CAE mas não tinham o diploma de uma universidade."

A década de 1970 se iniciou, portanto, com inovações que afetaram significativamente a educação e, por consequência o ensino da Psicologia: a definição de condições para o exercício do magistério superior, o surgimento de faculdades privadas que, em sua maioria, priorizavam os cursos da área de Ciências Humanas, a adoção de programas de avaliação dos cursos existentes.

Outra decorrência da Reforma Universitária foi a estruturação da carreira docente. Devido aos incentivos previstos para o acesso na carreira e às exigências legais para a admissão de docentes para o ensino superior, surgiram vários cursos de pós-graduação no país. Na Faculdade de Educação da UFMG iniciou-se, em 1972, o Curso de Mestrado em Educação, por iniciativa da titular da Didática, Profª Alaíde Lisboa de Oliveira e do Diretor Emmanuel Brandão Fontes, ambos formados pela Escola de Aperfeiçoamento e, portanto, muito influenciados pelo movimento da Escola Nova.

Inicialmente, o curso teve como área de concentração a Metodologia do Ensino Superior, num enfoque microeducacional e a Psicologia da Educação teve nele lugar de destaque. Refletindo, contudo, a maneira como o momento histórico influencia toda a educação, determinando que ela se apoie a cada momento sobre uma ciência ou grupo de ciências, o curso de Mestrado em Educação foi, a partir de 1975, reestruturado e passou a ter um enfoque macroeducacional, voltando-se gradualmente para as ciências sociais aplicadas à educação.

No final da década de 1970, iniciou-se o processo de abertura política. A revogação dos atos institucionais, a anistia para os presos políticos e o retorno de vários exilados, a concessão de uma certa liberdade à imprensa são alguns dos eventos marcantes. As eleições para o governo dos Estados e a possibilidade de políticos cassados durante o período revolucionário se candidatarem foram outras conquistas.

A partir da recessão do modelo de desenvolvimento econômico, foi ampliada a participação de novos segmentos da população nos processos de decisão, o que justificou a política de distensão lenta e gradual. Em consequência, surgiram questionamentos sobre a escola e sua relação com a estrutura social, que encaminhou a uma nova interpretação do modelo sociológico. Neste quadro, a Psicologia foi relegada a um plano secundário como fundamento da educação.

O processo de abertura política, que visava o retorno do país ao modelo democrático teve início na década de 1980 e nos primeiros anos o povo, acostumado ao sistema repressivo, manteve reserva, evitando manifestações públicas, críticas ao governo, manifestações de descontentamento. Aos poucos, entretanto, essas reações ganharam um caráter de espontaneidade por serem próprias do regime democrático.

Neste momento histórico, o que se percebe é que a Psicologia começa a tentar compreender o problema do homem que vive sob pressões econômicas e políticas. Daí, a redefinição de seu campo de estudo, com consequências evidentes para sua aplicação à educação. A psicologia vai deixando de abordar um homem universal, sob efeito de uma educação também universal, num espaço-tempo indefinido, mas uma Psicologia aplicada à educação do homem brasileiro, no momento de sua história, diante da possibilidade de vir a eleger seu presidente.

1.4 -O FUNDO CÊNICO

Inúmeras vezes, eu, autora deste texto, tive a oportunidade de entrar pelas portas do Instituto de Educação de Minas Gerais, da Faculdade de Filosofia, da Faculdade de Educação, para desempenhar meu papel. Ao longo de tantos anos nunca a representação foi a mesma. Por que? Não mudou somente a equipe, a plateia, a minha representação. Mudou o pano de fundo e é difícil imaginar algumas pessoas com as quais convivi no Instituto de Educação plenamente adaptadas ao cenário da Faculdade de Educação da UFMG. Da mesma forma, não parece possível imaginar as reuniões realizadas na Faculdade de Filosofia Santa Maria acontecendo na Universidade Federal. Assim, ainda que de forma inconsciente, a representação de uma situação é geralmente mais adequada a um cenário. Da mesma forma que cada ator demonstrou em sua fala seu vínculo com uma instituição, mais que isto, com um lugar onde esta instituição existe.

Este meio habitual onde se apresentam os atores constitui o fundo cênico. Para apresentá-lo, usam-se os depoimentos que retratam os prédios, aspectos do ambiente tal como são percebidos. O espaço físico, geograficamente situado, amplo ou reduzido, próprio ou emprestado, fixo ou mutável, é de grande importância na história das instituições e das pessoas.

Parece impossível separar a Psicologia da Educação que se fez inicialmente no Prédio da Escola Maternal, depois no prédio da Secretaria de Saúde e Assistência e, finalmente no Instituto de Educação das características desses prédios. Têm todos um estilo neoclássico marcadamente europeu e foram construídos no início do século XX. Esses prédios parecem destinados a ter uma durabilidade comparável à dos edifícios encontrados na França e na Suíça.

Sem dúvida, eram estes os locais mais adequados para abrigar uma Psicologia europeia que perdurasse através do tempo, constituindo as raízes bem firmes de um movimento educacional que a partir daí se desenrolasse.

> "As aulas de Psicologia da Educação tanto da Escola de Aperfeiçoamento quanto da Faculdade de Filosofia (enquanto D. Helena foi professora da Faculdade) eram dadas no Laboratório de Psicologia, o qual funcionava na Escola de Aperfeiçoamento. Esta funcionou primeiro no prédio da Escola Maternal, um prédio que ocupava um quarteirão da Av. Augusto de Lima; depois, mudou-se para onde é hoje a Secretaria de Saúde e Assistência [11], que era também um quarteirão inteiro. Mais tarde, a Escola de Aperfeiçoamento passou a funcionar no prédio da Escola Normal de Belo Horizonte, hoje Instituto de Educação". (Zilda Assumpção, auxiliar de Helena Antipoff).
>
> "A gente tem muito carinho pelo prédio do Instituto, porque ele representa uma época da educação em Minas... Ele tem todo o estilo arquitetônico

[1] Quando este trabalho foi redigido funcionava no local o Centro de Convenções do Estado de Minas Gerais, um dos edifícios públicos de maior nobreza de estilo.

> neoclássico da Praça da Liberdade, próximo do Parque Municipal, numa localização muito estratégica, porque recebe os bairros da zona Sul, que são economicamente privilegiados; recebe os bairros de Santa Efigênia, Santa Tereza, São Lucas de uma classe intermediária e tem um desaguadouro que é a Av. Afonso Pena, a principal da cidade, por onde vem o pessoal da zona Norte. Ao tempo em que foi construído, era um lugar bucólico, um prédio cor de rosa, de colunatas gregas na frente, uma escadaria ampla, aqueles pátios centrais, todos em tijolos, as varandas em volta, a meninada de blusa branca e saia azul saindo em bandos... Hoje, é quase uma evocação emocional pra gente... onde era possível fazer um trabalho descontraído. Era muito comum a gente sair com as meninas da sala de aula, ir trabalhar num ambiente aberto, observar numa creche próxima, fazer trabalho de arte no Parque... Como prédio, o que eu tenho na mente é isto... aquele prédio situado numa área ampla... internamente, após o hall de entrada, todo em mármore... uma escadaria longa que se dividia para os dois lados, dando acesso às salas de aula e aos enormes varandões do 2º andar. O salão nobre, com seu estilo... o auditório, com galerias... Me faz lembrar uma concepção de educação bastante burguesa, bem própria do início do século".

Tinha de se confirmar, também, através do espaço geográfico, a relação entre o Laboratório de Psicologia da Escola de Aperfeiçoamento, introdutor da Psicologia em Minas Gerais e o Serviço de Orientação e Seleção Profissional, que implementou as avaliações psicométricas no Estado.

O primeiro elo se evidencia na determinação do local de funcionamento.

> "O Laboratório de Psicologia da Escola de Aperfeiçoamento funcionava em uma ala do Instituto de Educação que depois foi ocupada pelo SOSP".
>
> "O incêndio destruiu a ala do Instituto onde funcionava o Laboratório de Psicologia. O que restou foi transferido para o Salão Nobre, onde foram selecionados os testes, livros e materiais salvados do incêndio".
>
> "Mais tarde, quando foi feita a reforma do Instituto, construíram aquele prédio nos fundos do terreno do Instituto, destinado ao SOSP, com salas para atendimento, para testes, etc. Foi um prédio construído para este fim".

A história da Faculdade de Filosofia da UFMG, por sua vez, não pode ser separada dos locais onde ela funcionou. É inegável que a Psicologia da Educação que ali se desenvolveu teria de refletir ao mesmo tempo um caráter de modernidade comparável ao do prédio do Edifício Acaiaca, o mais alto edifício da capital na década de 1950 e a partir da década de 1960, do moderno prédio construído para abrigar a Faculdade de Filosofia da UFMG no bairro Santo Antônio.

> "No princípio de 1940... estava sendo fundada a Faculdade de Filosofia de Minas Gerais... era uma faculdade particular, que estava planejada para funcionar na Casa de Itália, que atualmente é a Câmara dos Vereadores de Belo Horizonte".
>
> "Em 1952, mais ou menos, a Faculdade de Filosofia funcionava no 19° andar e 20° andares do Edifício Acaiaca, bem no centro da cidade, defronte à Igreja de São José".
>
> "Em 1961 a Faculdade foi transferida para o prédio de estilo moderno, construído para este fim, no bairro Santo Antônio. Ficava situada numa parte

> do bairro de terreno acidentado, onde havia poucas casas construídas e o prédio novo contrastava com o estilo tradicional do bairro". (Pedro Parafita de Bessa, Alda Lodi e Maria Augusta Cunha).

Os locais de funcionamento da Faculdade de Filosofia refletiram, também a luta ideológica entre seus fundadores e os que assumiram a política do Estado.

> "... quando o Brasil entrou na guerra, o Governador, que era o Benedito Valadares, fez entender à direção da Escola que se ela saísse do âmbito dos italianos, ele ajudaria. Nessa ocasião, o diretor, que era o Prof. Lúcio dos Santos, pediu demissão ou o tiraram... foi eleito Guilhermino César e a Escola passou, então para o Instituto de Educação".

A Psicologia da Educação que se desenvolveu entre as paredes da Faculdade de Filosofia Santa Maria, da Universidade Católica de Minas Gerais teria, também de refletir o espírito religioso que presidia todos os acontecimentos da instituição. Assim, a Faculdade funcionou, inicialmente, no Palacete da família Dantas, situado ao lado do Palácio Arcebispado, ficando ambos os prédios ao lado do Palácio do Governo. Posteriormente, foi construído em terreno do mesmo Palácio do Arcebispo, um prédio de estilo moderno, destinado a abrigar duas faculdades católicas e, finalmente, houve a reunião de todas no Campus da Pontifícia Universidade Católica, local onde, anteriormente, funcionou o Seminário de Belo Horizonte. A ligação Escola-Igreja e Igreja-Estado, simbolizada nos prédios, é assim expressa:

> "A Faculdade de Filosofia Santa Maria, a Faculdade Católica, funcionava naquele prédio da Praça da

> Liberdade, em frente à entrada do Palácio, na Av. Cristóvão Colombo. É o Palacete Dantas, que foi tombado pelo Patrimônio Histórico".
>
> "As turmas eram pequenas e transitavam por aquela casa antiga; até porque, se fossem turmas grandes, o prédio viria abaixo. Mesmo assim, desgastou-se muito".
>
> "Depois, a Católica construiu aquele prédio da Av. Brasil, um prédio de estilo reto, que ficou muito tempo sem acabamento. Em 1959 ou 60 o Instituto de Psicologia começou a funcionar lá e depois a Faculdade de Filosofia e a Faculdade Mineira de Direito".
>
> "A Faculdade da Filosofia passou a funcionar no Campus da Universidade depois de 1965, quando Dom Serafim resolveu levar todas as escolas da Católica para aquele prédio do antigo Seminário de Belo Horizonte. O Instituto de Psicologia ocupa um dos primeiros prédios novos construídos lá". (depoimento das professoras Lucy Paixão, Maria Sílvia Machado, Geralda Avila).

A instabilidade de uma instituição tem, provavelmente, sua maior evidência na falta de um espaço físico no qual ela possa funcionar. Os vínculos que ela tenta manter, o *status* a que sua origem está associada explicam, provavelmente, sua instalação num prédio. A mudança para outro local, isolado de contatos, próximo de uma realidade escolar diferente são a evidência da mudança de seu papel.

> "O Programa (PABAEE) funcionou de 1956 a 1964 no Instituto de Educação, porque já no Acordo básico entre os Estados Unidos e o Brasil isto ficou estabelecido. Quando se estudou o local, viu-se que não era interessante ocupar muito espaço da Escola

> e o PABAEE fez o rebaixamento dos pisos, transformando os porões em locais onde se podia trabalhar com pequenos grupos. Havia salas no andar principal, que era a parte administrativa e os gabinetes de trabalho dos departamentos. Tínhamos as salas de trabalho com os alunos em torno dos pátios, onde hoje é a Cantina, que era utilizada por todo o pessoal do Instituto; era um ponto de encontro. A Biblioteca era comum. As salas de demonstração eram no prédio atrás e nós trabalhávamos com uma turma de cada série. (...) Este arranjo tinha várias vantagens: o centro da cidade, a intimidade entre o pessoal e o do Instituto, apesar de ter surgido uma diferença porque nossas professoras de demonstração recebiam um acréscimo financeiro; isto era motivo de uma série de atritos.

Este programa patrocinado pelo governo americano tinha aceitação no período do governo militar, mas no momento em que o quadro político mudava no Brasil sua proposta começou a causar certo desinteresse, como evidencia o comentário de uma das professoras que atuavam no PABAEE:

> Aos poucos, o PABAEE foi se tornando um hóspede incômodo, porque o Instituto começou a crescer em número de turmas, de tal forma que quando se completou o Acordo em 64 (último ano em que os americanos estiveram presentes) foi pedida a nossa saída... Nessa ocasião, nossa diretora era a Lyra Paixão. A Secretaria falou com ela numa Escola que estava sendo construída na Gameleira, nos moldes da Escola-Parque Salvador. Talvez a coisa mais difícil tenha sido a gente entrar no contexto da comunidade, porque a princípio embarcamos na demanda dos pais e as crianças vinham de longe... Começamos a ter seminários com uma preocupação

> social acentuada e passamos a batalhar para termos em números iguais os alunos que tínhamos trazido e as crianças daquela comunidade à qual queríamos atender". (Maria Luíza de Almeida Cunha Ferreira).

A Faculdade de Educação da UFMG, outro palco no qual se desenvolveu a Psicologia da Educação, começou a funcionar no Campus da Pampulha e o prédio é descrito pela Profa. Magda Soares, que foi a segunda diretora da Faculdade e teve uma atuação elogiosa no campo da educação mineira:

> "Aqui, primeiro, foi o Colégio Universitário, que tinha um clima de absoluta efervescência pedagógica, porque estávamos fazendo uma experiência absolutamente nova, pioneira no Brasil. Foi a experiência mais importante que eu vivi; a equipe foi escolhida a dedo, o trabalho era integrado, todo mundo trabalhando junto, com os mesmos objetivos. Quando acabou o Colégio Universitário, por força de uma lei, tentamos manter aqui o Colégio Integrado, que funcionou um ano só. (...) Com a Faculdade de Educação, tudo ficou diferente... mudou completamente. No início, eu me sentia agredida. De repente, era como se uma família estranha tivesse invadido sua casa e resolvido mudar os hábitos, fazer tudo diferente. Custei muito a superar esta sensação. (...) O contraste entre o clima do Colégio Universitário e a Faculdade de Educação era muito grande. O Colégio Universitário era uma experiência avançada até para hoje, em termos de organização, estrutura, vivência, integração, planejamento participativo. A Faculdade de Educação, naquele tempo, imagine... um Departamento de Pedagogia virando uma Faculdade de Educação... umas poucas pessoas, com ideias retrógradas... era exatamente o oposto. O Departamento transformado em uma Faculdade,

tinha que crescer e crescendo não cabia na FAFICH. O prédio aqui estava desocupado, porque acabou o Colégio Integrado, então era o lugar natural para vir à Faculdade. Seria interessante um estudo das modificações que o prédio vem sofrendo ao longo da história da Faculdade de Educação. Eu acho que esta modificação reflete muito a evolução da Faculdade. Da mesma forma que sua casa vai mudando à medida que você se muda, um prédio como este reflete uma concepção de educação que se tem. Basta ver esta última reforma, que na verdade reflete uma concepção de faculdade de educação, de integração de pessoas... Fazer uma fotografia do prédio agora seria como fazer uma fotografia da instituição como ela é hoje. Um prédio é sempre o símbolo das pessoas que moram nele... Aqui isto ocorre mais ainda pela flexibilidade do prédio, que é esta facilidade de mudar paredes... Não sabíamos que a pedagogia é dinâmica, que muda a metodologia À medida que a gente muda, o prédio vai mudando junto". (Magda Becker Soares).

É oportuno lembrar que a professora Magda Soares foi responsável pela valiosa experiência pedagógica do Colégio Universitário, que foi eliminado. O depoimento dessa professora expõe de forma clara a transição. O prédio que abrigou um trabalho ousado, inovador, passou a ser o local onde se instalou uma escola nova, sem tradições, no meio do campus. Os laboratórios do colégio foram extintos, o serpentário tornou-se um espaço vazio e abandonado, as paredes eram movediças, capazes mesmo de representar as mutações da educação enquanto processo sujeito às alterações do quadro sócio-político e cultural. Os espaços ganham vida quando habitados e as pessoas têm a ver com o espaço que habitam. A representação do ator que se veste de personagem só ganha sentido no cenário próprio à sua história.

CAPÍTULO II

2.1 - OS ATORES

"O que é, afinal, a vida humana, senão uma representação contínua, na qual todos participam usando diferentes máscaras, na qual cada um desempenha um papel que lhe foi atribuído, até que um diretor de cena o retire do palco?"

ERASMO

Quando um indivíduo se apresenta diante dos outros, ele tem de agir de tal modo que, com ou sem intenção, expresse a si mesmo, e os outros, por sua vez, terão de algum modo serem impressionados por ele (ICHEISER, 1949). Diz-se que este indivíduo representa um papel e que, implicitamente, solicita de seus observadores que levem a sério a impressão que ele procura lhes dar.

O ator é, pois, nesta perspectiva, a figura humana que desempenha um papel específico, numa cena específica de um espetáculo específico. Comparando o teatro à vida real,

Goffman analisa que no palco um ator se apresenta sob a máscara de um personagem diante de uma plateia que não existiria se a representação fosse real. Logo, distinguem-se três elementos na situação: um indivíduo que é o ator, o papel que é desempenhado de acordo com a expectativa de outros e a plateia, que é constituída pelos outros que assistem e têm uma expectativa.

O indivíduo é, implicitamente, associado a dois papeis: o papel de ator e o papel de personagem. Quando é considerado ator, ele é a pessoa humana que se empenha em produzir impressões; quando está envolvido na tarefa de encenar a representação e é considerado personagem quando constitui a figura cujo espírito, força e demais qualidades a representação visa evocar.

Como ator, o indivíduo é uma pessoa que se vale de sua capacidade de observação, especialmente da observação de si mesmo e usa sua capacidade de aprender, treinando para o exercício de um papel. Este indivíduo combina o seu desejo, a sua fantasia, com a sua necessidade de obter aprovação de sua equipe e da plateia. Em certos momentos, ele evita se expor, em outros, ele rejeita encenar um personagem e em outros experimenta ansiedade face às representações que, numa região da fachada, o comprometeram. Estes atributos do indivíduo-ator são de natureza psicológica.

Como personagem, na perspectiva do teatro, o indivíduo é considerado de forma bem particular. A personalidade aqui encenada é considerada uma espécie de imagem que o indivíduo tenta induzir os outros a terem dele. Quando esta imagem é acolhida, os espectadores atribuem uma personalidade ao indivíduo; este "eu" não se origina do corpo do seu possuidor, mas da cena completa de sua ação. Assim, uma cena corretamente apresentada leva a plateia a atribuir uma personalidade ao personagem representado. O desempenho de um ator perante determinado público pode ter uma duração mais longa e exigir dele uma coerência capaz de manter a imagem que a plateia fez dele. Mesmo quando se trata de uma apresentação mais curta, é indispensável que o ator persiga o objetivo de deixar claro o seu papel e a mensagem que ele tentou passar.

A História supõe uma sucessão e, às vezes, uma simultaneidade de espetáculos, como se fossem peças diferentes acontecendo em palcos diferentes, para diferentes públicos ou como se fossem atos diferentes da mesma peça para um público que permanece atento a todas as alterações.

No encontro com os atores e na interpretação de suas falas, procurou-se desvendar, na memória do espetáculo por eles representado, a origem, o desenvolvimento e as perspectivas da Psicologia por eles estudada e transmitida. Foi possível perceber que os papéis encenados variaram conforme a cena ampla e também de acordo com a plateia para a qual representavam. A percepção que a plateia tem dos atores é construída não apenas pelo papel que ele se propõe desempenhar, mas também pela adequação dele ao cenário no qual se desenvolve o seu desempenho. Por este motivo, o mesmo ator é percebido diferentemente pelas pessoas que o assistem em cada um dos ambientes nos quais ele atua.

Para apresentar os atores, adotou-se a seguinte abordagem: primeiro, algumas referências à forma como os atores mais significativos da História da Psicologia eram percebidos pelos seus pares. Em seguida, faz-se uma referência às Raes, ou seja, ao impulso do ator para ser o que é, ou seja, como ele se situou no quadro da Psicologia da Educação. Numa terceira parte, aborda-se a Trajetória, que analisa a dinâmica do desenvolvimento do trabalho de cada entrevistado como profissional. Neste tópico, fica em evidência o caminho percorrido, que não é definido exclusivamente pelo ator, mas sobretudo pelas condições de seu trabalho, pelo cenário político, econômico e social no qual suas ações se processam.

2.2 - OS ATORES PERCEBIDOS POR SEUS PARES

Para ilustrar o modo como os atores são percebidos pelos seus pares, foram selecionadas algumas das principais figuras humanas da Psicologia da Educação em Minas Gerais, que são apresentadas através da fala de seus contemporâneos. Eles são retratados pelos seus contemporâneos como indivíduos-personagens, atuando nos vários momentos do espetáculo que se desenrolou em Minas Gerais no período estudado.

> "D. Helena, naquela ocasião, pontificava os princípios que sempre dirigiram sua vida. Era das poucas pessoas que podem ser consideradas como detentoras de universalidade de espírito. Veio... como uma pessoa... cansada de buscar caminhos para que os homens se entendam... (Cecília Meireles), da longínqua Rússia, passando pela Suíça, berço da civilização moderna, trazer para o Brasil as primeiras luzes do que possa considerar-se vivência em comunidade educativa. D. Helena, ao afirmar 'O que me preocupa é sobretudo a harmonia entre os homens, aquela constante afabilidade, o respeito e a confiança mútuas, que devem existir entre todos aqueles que convivem, construindo em conjunto o presente e o futuro', lançou as bases de sua filosofia de vida e de sua filosofia de trabalho que, segundo ela própria, podem resumir-se em uma só palavra:

'Agir!!!' Psicóloga de formação, D. Helena jamais, porém, se radicalizou, crendo mais como Rainer Maria Rilke, que 'Nenhuma profissão tem as dimensões necessárias às grandes coisas de que a verdadeira vida é feita".

"D. Helena passou por um impacto, um continente diante dela a ser desbravado e não aprofundou raízes não. Ela continuou com aquelas raízes que ela tinha trazido e queria que delas brotassem as coisas. E este povo que trabalhou na esteira dela continua a insistir sobre a sua tese, sem fazer qualquer modificação. Eu acho que isto tem a ver com alguma característica pessoal de D. Helena. Você veja, por exemplo, de todo mundo que passou pela mão dela, quem é que produziu alguma coisa divergente dela? Quem é que continuando em bons termos com ela conseguiu fazer algo diferente do que ela fazia? Ela foi uma espécie de catalizadora, foi extremamente significativa para todo mundo que se relacionou com ela, que a tocou, que se envolveu com o "entourage" dela. Dessas pessoas, quem levou adiante alguma coisa nova? Ela nunca alimentou pensamento divergente. Não é difícil encaixar Rogers e Piaget, por exemplo. Mas o rogeriano, para D. Helena, é pessoa excluída. Eu acho uma coisa curiosa nela; ela era um pouco bandeirante, naquele sentido assim de que tem o impulso, uma capacidade de mobilização de espírito de pessoas, de sementeira muito grande, mas não tinha o espírito de pesquisa por trás. Ela sempre foi mais afirmativa do que pesquisadora. Eu nunca trabalhei muito próxima dela e quando eu trabalhei com ela me recusei a fazer uma coisa que ela queria, ela me congelou. A partir do momento em que eu não estava disponível para fazer o que ela desejava, ela precisava procurar outra pessoa que fosse fazer o tempo pra ela".

"D. Helena era muito independente; fazia tudo muito livremente e nós ajudávamos só que no que ela solicitava. D. Helena era uma experimentalista. Ela vinha do Instituto Jean Jacques Rousseau e só citava autores que conhecia de perto, principalmente Claparède, de quem tinha sido assistente, Simon e Piaget. Em 1930, Claparède veio para visitar o Laboratório; ele só podia dizer que gostou muito. Era tudo muito bem feito, ela trabalhava muito e fazia as alunas trabalharem".

"O Pedro Parafita Bessa é uma pessoa da qual se pode dizer que é extremamente preocupada com o rigor científico e com a seriedade do trabalho. Então, todo curso dele era pautado pela preocupação em dar um curso muito substancial em termos de informações e aprofundar ao máximo que ele podia. Era sempre um curso muito bem estruturado, embora ele não tivesse didática nenhuma, ele é um péssimo professor em termos de técnica e ele é um professor espetacular em termos de conteúdo. Ele realmente é um professor que dá o recado, que tem o que falar. O Bessa era mais ligado, naquela época, a linha de Gesel, linha da Psicologia Naturacionista. Não havia nada de prática dentro da cabeça. Era só teórico, completamente teórico".

"O Prof. Bessa... ele é uma pessoa maravilhosa; incapaz de um sentimento mau. Até que como professor não era bom... monótono... sem didática, dominava o conteúdo. Mas a pessoa humana que ele é e o profissional, acho que qualquer um de nós queria ser".

"Com o Prof. Bessa convivi bem mais próximo... Orientou-me na justa medida do que era capaz e nunca me faltou quando procurado. Quando, uma vez, me queixei de sua distância e frieza, respondeu que era o seu temperamento e que até sua mulher fazia dessas queixas".

"Eu tinha pelo Bessa uma admiração muito grande. Primeiro, eu o achava um sujeito radicado aqui e que estudava Psicologia. Tanto, que eu o havia escolhido para meu orientador. Segundo, ele não era um cara que fechasse questão, que comprasse briga daqueles grupos e panelinhas em atrito. E ele foi cassado porque deu cobertura a uma coisa que os meninos tinham feito dentro da Faculdade de Filosofia e que ele achava que estava inteiramente na alçada dele resolver. Não pediu intervenção da Polícia e não aceitou que tirassem os tais cartazes, porque o Diretor da Escola era ele. Foi esse episódio que o afastou de tudo".

"Galeno era um psiquiatra que trabalhou na Faculdade de Filosofia. Fez concurso lá para a Livre Docência e no tempo do Bessa teve um desempenho muito importante. A tese dele foi sobre as tarefas interrompidas de Kurt Lewin, mas ele teve uma influência grande sobre o pessoal que estava em formação, porque ele nos treinou no sentido do rigor científico, da preocupação com a objetividade e isso tudo foi muito importante. É uma pessoa muito séria para trabalhar. Ele realmente tem méritos que a gente não pode negar. Eu acho que ele teve uma influência positiva neste sentido. Ele trazia um prejuízo muito grande à abordagem da técnica psicanalítica e da neopsicanálise".

"Auxiliadora Brasil... sempre a mesma pessoa. Até a mesma imagem. Controvertida, combativa, um exemplo de pensamento divergente. Sempre avançou muito. Em educação, propôs em 1956 o que deverão estar pensando em 1986. Em Psicologia, uma estudiosa como nunca vi igual. Autodidata".

"Maria Sílvia Machado foi uma aluna de D. Helena das mais estudiosas. Muito calada, nunca as pessoas - alunos ou clientes - souberam realmente o conhecimento que ela detém..."

"Dr. Halley Bessa foi sempre esta figura carismática, tão humana. Nunca se negou a lutar pelas coisas. Você devia entrevistá-lo, mesmo não sendo psicólogo, nem professor mais. Ele é psiquiatra, formou-se em Teologia, agora é Presidente do Conselho Federal de Psicologia. Bobagem minha... é das pessoas que mais entendem de Psicologia da Educação".

"O primeiro diretor do SOSP, o Cr. Fyncham Jersy Schwarstein, era psicólogo polonês, que tinha concluído sua graduação na Polônia, em Varsóvia, e depois tinha ido para a França para fazer o doutorado. Veio a guerra, ele se inscreveu como voluntário numa divisão de artilharia, sediada na França. Quando a França se rendeu, essa divisão estava próxima da fronteira da Suíça. O general comandante dessa divisão resolveu não se entregar. Preferiu se integrar com a divisão toda na Suíça. Como era uma divisão de artilharia, eles abriram caminho até a fronteira. Passavam metade da noite bombardeando o próximo quilômetro; na outra metade, andavam aquele quilômetro, porque tinha acabado o fogo inimigo, e eles avançavam até que começasse a ter resistência. Aí bombardeavam de novo e assim eles andavam, 10km em 10 dias até chegar a Suíça. Como a maioria das pessoas era estudante, eles tiveram permissão para continuarem os cursos nas Universidades suiças. Então, ele se inscreveu e fez doutorado em Psicologia com Piaget. Em seguida, ele veio para o Brasil. Antes, tentou ficar na Suíça, mas houve um problema de política. Havia muita má vontade porque ele era judeu. Piaget deu a ele várias cartas e ele veio para o Brasil, onde tinha um tio. Numa viagem, ele ficou sabendo que o Mira Y. Lopez ia fundar esse serviço no Rio (o ISOP, ligado à Fundação Getúlio Vargas). Procurou o Mira, o Diretor dessa Fundação e as pessoas arranjaram para ele ficar lá. Ele era extremamente competente, dinâmico. Quando começou a ser fundado o SOSP aqui, ele era a segunda pessoa lá e o Mira indicou-o como Diretor. Ele ficou de 1949 a 1952".

2.3-RAÍZES

"E toda vocação nasce de um grande amor, de uma grande esperança. Profissões e vocações são como plantas. Viscejam e florescem em nichos ecológicos, naquele conjunto precário de situações que as tornam possíveis e – quem sabe? – necessárias. Destruído este 'habitat' a vida vai se escolhendo, murchando, fica triste, mirra, entra para o fundo da terra, até sumir".

Rubem Alves

Falar de origem é buscar as raízes, é analisar o impulso para ser aquilo, mas, também é, sobretudo, é falar de um tempo social. Por mais que o amadurecimento nos faça voltar para o interior, recordar o princípio, buscar as raízes do que somos hoje, é nossa inserção no ambiente social que nos permite perceber com colorido a interação no tempo passado.

A conversa, o relato espontâneo têm um caráter de improvisação que determina o tom de autobiografia, onde a ilusão do autor se mistura às suas racionalizações, enquanto o exterior vai se tornando acidental e só o interior passa a representar algo substancial e determinante. Mesmo empalidecendo as lembranças de acontecimentos exteriores, a autobiografia possibilita o acesso a eles, enriquecendo a ocorrência do fato com os sentimentos que eles provocaram no momento.

Este capítulo analisa os depoimentos dos sujeitos de pesquisa, localizando neles o início da vida profissional de cada ator, buscando a raiz como recurso para atingir a maturidade da vida e do tempo. Descobre-se que as origens da Psicologia da Educação estão mescladas, na narrativa, com a vocação e a origem da formação de cada ator, num elo indissolúvel do eu e do nós.

Foram transcritos os trechos nos quais os atores falam da origem profissional de si mesmos ou de seus mestres:

> "Na época da Reforma de Ensino... houve um curso de aperfeiçoamento de professores, não me lembro se em 1927 ou 1928. O Dr. Iago Pimentel lecionou Psicologia Educacional, o Dr. Alto Álvares, Teste e o Dr. Alexandre Drumond, Metodologia. Eu fui aluna desses três médicos, que eram homens de grande conhecimento".

"No início do ano de 1929, nós fomos encaminhadas ao Teacher's College da Universidade de Columbia. O Dr. Francisco Campos nos disse que não exigiria o diploma, mas fazia questão de muito trabalho. Eu particularmente fiquei um ano a mais, porque queria ter a oportunidade de estar em contato com o professor Upton e ele estava na Alemanha. Era comum professores americanos irem estudar na Europa. Quando voltei, minha chegada coincidiu com a de D. Helena Antipoff. Ela vinha da Suíça, onde havia estudado com Claparède, no Instituto Jean Jacques Rousseau. Alguns meses depois, o próprio Dr. Claparède veio ao Brasil".

"Em 1928, eu fui convocada para fazer o Curso da Escola de Aperfeiçoamento; era a 1ª turma e foi logo depois de um Curso de Aperfeiçoamento para Professores. Acho que a Escola teve origem neste curso. Depois, Madame Helena Antipoff me convidou para ser sua auxiliar. Não sei o motivo, mas isto era uma honra muito grande. Ela era uma experimentalista; vinha do Instituto Jean Jacques Rousseau e só citava autores que conhecia muito bem e até mesmo pessoalmente – Claparède, de quem tinha sido assistente, Simon, que até veio ao Brasil e Piaget, mas o citava muito e até mandou alguns trabalhos nossos (referindo-se às alunas da Escola de Aperfeiçoamento) para serem publicados numa revista dele, na Suíça. Tudo era muito bem feito e quando, em 1930, Claparède veio visitar o Laboratório de Psicologia que D. Helena havia organizado, ele só podia mesmo é dizer que gostou muito".

"Em 1929 houve em Minas um movimento muito importante, que foi a visita de uma missão pedagógica europeia. Eu me lembro que vieram, nesta ocasião, o Dr. Theodore Simon, um médico que era professor da Universidade de Paris e que havia ajudado Binet a fazer aqueles testes de inteligência e o professor Leon Walter, do Instituto Jean Jacques Rousseau, na Suíça. Quando o Dr. Walter voltou à Europa, para o lugar dele veio D. Helena Antipoff, que havia estudado em Genebra, com Claparède e Piaget. Ela já trouxe da Europa vários aparelhos para montar o 1º Laboratório de Psicologia de Minas Gerais; outros aparelhos foram feitos aqui mesmo: ela explicava como eram os europeus e uma fábrica fazia. O Dr. Anísio Teixeira, Secretário de Educação da Bahia, quando nos visitou, disse que este Laboratório era o melhor do Brasil".

"Eu notava na D. Helena uma orientação funcionalista e experimentalista; eram as duas coisas. O amor à ciência era dominante. Tenho a impressão de que nós, alunos, saíamos com uma formação muito rígida, em relação a não permitir um achego qualquer, mas sempre procurar saber a origem das coisas".

"De Helena Antipoff aprendi a posição eclética, o respeito pelos caminhos aparentemente contraditórios que, na realidade, completam o conhecimento do fenômeno na sua totalidade. Tradicionalmente, regia suas observações pelo método redutivo-discursivo, baseando-se em procedimentos preferentemente redutivos da biologia condutistas, fisicalistas. Nesta linha, trouxe-nos, desde a tradição pavloviana, até a criatividade ilimitada de André Rey, passando, principalmente, por Pierre Janet e Jean Piaget".

Esta série de relatos evidencia que a história da Psicologia da Educação em Minas Gerais tem suas raízes na Europa. Da mesma forma que nos tempos da Colônia e do Império foi de lá que se importaram as ideias e para lá enviaram as elites intelectuais a serem formadas, no momento em que a educação ocupou um lugar de destaque no cenário sócio-político. Foi novamente da Europa, principalmente da França e da Suíça, que se importaram as primeiras obras e os primeiros mestres. Até mesmo o preparo de docentes nos Estados Unidos está indiretamente relacionado à formação europeia, pois conforme um dos depoimentos, era comum professores americanos irem se aperfeiçoar na Europa.

Foi através da missão pedagógica europeia vinda a Minas Gerais em 1929 e da linha de trabalho implantada por uma professora de origem russa, formada na Suíça e na França, que os princípios da psicologia experimental europeia – e não do experimentalismo americano – da psicometria e do funcionalismo se instalaram no campo da Psicologia da Educação mineira.

É graças à Escola de Aperfeiçoamento e, antes dela, aos cursos de aperfeiçoamento de professores, que a Psicologia começou a ganhar status de ciência. Tais cursos representam um momento político bem delimitado, no qual a atribuição de um caráter redentor à educação é de fundamental importância e a psicologia assegura a este empreendimento foros de ciência.

Aqueles que neste momento abraçaram a psicologia europeia não perceberam, por certo, suas bases, nem sua trajetória histórica, mas se tornaram consumidores destes bens culturais importados. Não havia, de início, sequer a preocupação de adaptá-los a uma realidade totalmente diversa daquela na qual tais bens foram produzidos.

No início do século XX, a preocupação com a profilaxia e o diagnóstico precoce dos distúrbios aproximou os médicos da área de educação e reeducação. Este fenômeno, observável na Europa, foi transposto para o Brasil e alguns relatos mencionados citam médicos atuando na área de Psicologia da Educação ou de Educação. Confirmando este ponto, dois depoimentos:

> "Eu comecei a me preocupar com o problema educacional quando, em 1939, eu havia entrado para o curso complementar pré-médico da Universidade Federal e fui convidado para lecionar na então Faculdade de Comércio de Minas Gerais, onde eu tinha sido aluno de 1928 a 1931. Para aumentar a renda, eu fiz um concurso para o MEC e comecei a trabalhar como Inspetor. Continuei o curso de Medicina e fazia um programa no rádio – Hora do Universitário. (...) aí eu concluí o meu curso médico e logo em seguida (as datas eu não sei precisar) fui convidado a lecionar na Escola de Serviço Social".
>
> "O professor de Psicologia era médico, ele dava um curso de Psicopatologia e um curso de Psicologia que a gente tinha de decorar umas coisas lá... Agora, tinha uma vantagem: tinha uma parte prática dada por D. Irene Lustosa; era a parte de laboratório, era Biometria, Tipologia, que estava no auge..."

Observa-se a relação entre a origem profissional dos atores, seu desempenho na fase inicial de uma ciência e a própria definição dos rumos dessa ciência. Daí, a importância de se verificar que outras formações acadêmicas proveem os especialistas em Psicologia da Educação, e qual a influência deste fator sobre a origem e posterior desenvolvimento desta área de conhecimento. A referência feita por um ator é especialmente clarificadora:

> "As pessoas (referindo-se às pessoas que trabalhavam com a Psicologia da Educação) vinham principalmente de formação na área de Medicina – Psicopatologia, Psiquiatria, Psicoterapia – outros vinham da área propriamente educacional – Escola de Aperfeiçoamento, Curso de Administração

> Escolar do Instituto de Educação e Pedagogia – e o terceiro grupo vinha dos cursos de Filosofia".

Esta grande variação da origem dos profissionais desta área explica, em parte, a diversidade de pontos de vista dos especialistas sobre o próprio campo de sua atuação assim como o caráter compósito da Psicologia da Educação.

> "No princípio de 1940, eu estava no momento de escolher o curso a seguir e, nessa ocasião, estava sendo fundada a Faculdade de Filosofia de Minas Gerais, por um grupo de professores... Estudando os cursos oferecidos (porque não havia todos os cursos, inicialmente havia só alguns) eu optei por fazer Ciências Sociais, porque eu pretendia me tornar pesquisador no campo das Ciências Sociais. Eu era muito novo, não tinha experiência nesse campo, tinha acabado de sair do Ginásio e não tinha tido nenhum professor... que tivesse dado qualquer indicação a respeito. Naquela ocasião, o costume ou o que o jovem era pressionado a pensar como escolha era Medicina, que era a mais valorizada, Engenharia, alguns poucos Direito e subsidiariamente havia outras opções menores como Farmácia, Odontologia e Arquitetura. Foi nessa ocasião que surgiu a Faculdade de Filosofia. (...) Meu pai conhecia o Guilhermino César, que... era uma das pessoas envolvidas na criação da Faculdade de Filosofia... ele achava que eu devia fazer História e não Ciências Sociais; pensava que as pessoas que faziam Ciências Sociais tendiam a ficar revolucionárias, revoltadas, então era melhor fazer História. Mas eu, depois de ponderar e pensar, resolvi fazer mesmo Ciências Sociais e comecei o curso, mas realmente não encontrei nele o que eu buscava, que seria uma pessoa capaz de me ajudar a fazer uma pesquisa de campo na área de

Antropologia ou de Sociologia, que era, na época, o que mais me interessava. (...) Em 1944 fui fazer um curso de Didática, aquele 4º da Faculdade, onde havia as disciplinas pedagógicas, inclusive Psicologia Educacional e aí foi uma revelação. O curso foi para mim a resposta que eu buscava; pela primeira vez, em todos os anos que eu tinha estudado na escola. D. Helena Antipoff lecionava no curso de Didática a disciplina Psicologia Educacional e seu trabalho era muito diferente..." (Pedro P. Bessa)

"Eu nasci numa família que tinha muitos interesses pelos estudos, principalmente pelo estudo de Medicina; quase todos os meus tios eram médicos e eu vivi dentro desse ambiente. Então, eu estava sempre ouvindo tudo aquilo que se referia ao homem, eu estava sempre atento a isto. E eu via as primas que estudavam o curso Normal falando de Psicologia. Em Uberlândia não havia Faculdade, mas eu vivi num ambiente onde só se falava ou no estudo de Medicina ou Engenharia. Mas não havia curso de Psicologia especificamente (...). Mas dentro deste contexto de que as carreiras valorizadas eram a Medicina e a Engenharia, eu sempre fiquei confuso entre seguir Medicina ou uma outra ciência que me trouxesse mais pra perto do homem e desde cedo eu senti uma curiosidade muito grande por tudo aquilo que se referia ao Homem... Também tinha uma outra vocação, uma outra profissão, se assim pudermos dizer, que é a do padre. A profissão do padre também se ligava muito a intimidade das pessoas, ao contato, à ajuda às pessoas. O meu interesse era justamente pelas Ciências Sociais, mas também não havia formação ou cursos e eu acabei indo estudar com os jesuítas... Lá eu fiz o curso de Letras Clássicas... depois eu fiz o curso de Filosofia. (...) Foi então na Faculdade dos Jesuítas, em Nova

Friburgo... as aulas de Psicologia eram dadas por um padre que veio da Hungria... que mais tarde veio a fundar o primeiro curso de Psicologia na PUC. Depois que terminei o curso de Filosofia, entrei em contato com a Didática e pude ver mais aproximadamente a Psicologia da Aprendizagem, um pouco de Psicologia Educacional".

"Meu contato com a Psicologia mesmo foi a partir do momento em que fiz o curso da Escola de Aperfeiçoamento, no período de 1940-41. Em 1942, eu estava trabalhando no Colégio Padre Machado, fiz um concurso para Inspetora de Ensino e dava aulas de Psicologia Educacional no Colégio Imaculada Conceição, quando recebi um telefonema de D. Maria Luíza de Almeida Cunha da parte de D. Helena, para ser assistente dela na Faculdade de Serviço Social. D. Helena era titular da cadeira de Psicologia da Faculdade Católica".

"Quando foi criado o curso de Psicologia na Católica, além do Bessa, uma pessoa se salientou muito: O Frei Ricardo Rozenstraten, um franciscano de formação europeia que deu á Psicologia um enfoque bem experimental".

"Eu tenho dito aos meus alunos aqui da Psicologia que a minha entrada na Psicologia aconteceu dentro da dinâmica da minha vida. Mesmo porque, naquela época, não havia cursos de Psicologia e eu nunca parei e disse assim: 'Eu vou estudar Psicologia'. Direito foi o 1º curso de graduação que eu fiz; mas nunca fiz o curso de Direito com intenção de ser advogado, sempre fiz com vistas ao magistério. Na época, os cursos da Faculdade de Filosofia, além de pouco conhecidos, eram pouco valorizados. O recrutamento de professores para o ensino médio era feito entre pessoas formadas em diferentes cursos superiores. Bom, terminado o meu curso de Direito, fui trabalhar no Instituto Gamom, de Lavras. Eu me propunha um trabalho com os alunos, que não fosse exclusivamente um trabalho de professor em sala de aula; um trabalho em que eu tivesse uma convivência com eles, em que eu participasse da vida deles, dos problemas deles e tivesse alguma atuação junto a eles. Já era um trabalho psicológico, embora eu nem pudesse imaginar na época que existisse uma coisa desse tipo. Já existia, mas eu ignorava. Eu me senti despreparado para este trabalho; faltava alguma coisa. O que me ocorreu foi a Psicologia. Daí começou o meu namoro com a Psicologia. Comecei a ler, a estudar como autodidata, às vezes trocava ideias com outra pessoa… eu participei de alguns Encontros e Congressos de Educação. Um deles foi aqui em Belo Horizonte e eu ouvi uma palestra de Pierre Weill, a respeito da orientação profissional nas escolas. Quando ouvi aquilo eu disse: 'É isso aí que eu estou querendo, mas como chegar lá?'... Fui em outro Congresso em Porto Alegre, lá eu fiquei conhecendo o Bessa e lá começou nossa amizade. Isso foi em junho de 58. Nessa conversa, o Bessa me informou que a Faculdade aqui tinha em vista fazer um convênio com o Ministério da Educação, para montar um curso para formar pessoal para fazer orientação vocacional nas escolas de grau médio. Aí, eu ouricei, fiquei entusiasmado e consegui uma licença remunerada na Escola onde eu trabalhava e fui fazer o Curso de Orientação Educacional, na Universidade Federal. Este curso foi a semente que deu origem ao curso de Psicologia".

A indefinição do conceito e campo da Psicologia da Educação é não apenas consequência da diversidade de origem dos primeiros estudiosos desta área; é, mais que isso, da indefinição social do ator. Ao escolher a fachada mais apropriada à situação, o ator se confundia entre o desempenho adequado à sua formação acadêmica – médico, religioso, educador, filósofo, cientista social – e a expectativa social relativa a seu papel.

A fachada é a parte do desempenho do indivíduo que é utilizada de forma regular e relativamente permanente, com a finalidade de definir a situação para as pessoas que assistem à representação. A fachada pessoal identifica-se, portanto, com a máscara do ator e inclui a formação teórica do ator, os distintivos de sua função ou de seu cargo e outras características que informam sobre seu status e sobre o ritual que encarna, enquanto desempenha um papel. Os relatos apresentados mostram que o espetáculo já havia se iniciado, mas a fachada dos atores ainda não estava definida.

Se o indivíduo assume um papel que é novo para ele, mas também não está estabelecido na sociedade, provavelmente tem de escolher entre várias fachadas existentes. Os conflitos enfrentados pelos atores ao se deparar com um papel em processo de definição, por exemplo, o de um Especialista em Psicologia da Educação, tornam-se evidentes quando se acompanha a trajetória destas pessoas até que chegue a se estabelecer uma "representação coletiva" sobre este papel, isto é, a ideia do que é "ser" aquele profissional. É esta representação que age sobre os atores, indicando "o que eles devem fazer", isto é, gravando-se inerentemente na sua atuação.

Goffman fala do dilema da escolha de uma fachada apropriada quando surgem tarefas novas numa organização ou quando as tarefas instituídas são modificadas. Isto constitui problema para o ator, pois ao dramatizar seu trabalho ele deve deixar claras as práticas que constituem a essência desse trabalho e enfatizar menos as outras práticas que normalmente executa.

Na sociedade, é evidente a luta contínua pela conceptualização de um campo de trabalho até que ele chegue a constituir uma "cena" com características definidas. Ao nível do sujeito ocorre também uma luta intensa, na direção de "tornar-se". Logo, a realidade psicológica é, a um só tempo, globalizante e individualizadora. É globalizante porque abarca representações totais da sociedade e é individualizadora, na medida em que é um processo de interiorização dos valores da cultura, através de uma percepção pessoal, única. A cada momento, a percepção que o ator tem de si e do seu papel é a síntese do que é cristalizado, do aqui e agora, mas é impossível anular o processo histórico individual.

A percepção (socialmente elaborada) que o ator tem de seu próprio papel, ainda não estabelecido socialmente denuncia não apenas a ambiguidade face às novas situações que deve enfrentar, mas também um sentimento de desvalorização, devido à opinião socialmente aceita de que as profissões que merecem ser valorizadas são outras e não a sua.

Ao tentar definir esta realidade não estabelecida, tornando-a "socializada", o sujeito lida com seu impulso de mostrar ao mundo um aspecto idealizado de si mesmo. Goffman (1983) chama de idealização este modo através do qual uma representação é socializada, para corresponder às expectativas da sociedade. Nas entrevistas, os atores carregaram de valores humanitários a origem de seus interesses pela Psicologia; graças a isto, negaram seu sentimento de menos valia, devido à indefinição de seu campo de trabalho e defenderam a ideia de que fazer Psicologia da Educação é uma tarefa complexa e que exige requisitos bem especiais. Esta referência está relacionada à tentativa de tornar visíveis os custos invisíveis de um trabalho que é dramatizado – não basta desempenhar bem, mas é necessário mostrar que há, por trás do desempenho, todo um dispêndio de energia, ou, talvez, de vocação.

Outro aspecto da origem da Psicologia da Educação, apontado por um dos atores em seu depoimento já citado, é a vinculação desta área de conhecimento aos antigos Cursos Normais, destinados à formação de professores primários. Está aí, provavelmente, a origem da confusão entre educadores psicólogos e psicólogos educacionais. A exemplo do ocorrido na Europa e representado pela ação de Binet, Claparède, Piaget e tantos outros estudiosos, a atuação dos educadores ficou condicionada ao conhecimento e à aplicação da Psicologia e os dois campos – Educação e Psicologia – fundiram-se, para depois se confundirem. Este fenômeno está, provavelmente, na origem da representação social que se tem de Psicologia da Educação e que será discutido mais adiante.

Merece ser melhor analisada a relação entre Psicologia e Educação observável não só nos anos iniciais, mas ao longo do processo de desenvolvimento da Psicologia.

> "O meu trabalho no PABAEE, teve início com uma preparação através de um curso nos Estados Unidos em Psicologia Educacional. Eu tive a sorte de ter antes a formação pedagógica na Universidade Federal e quem dava Psicologia naquela época era o Pedro Parafita de Bessa. E o PABAEE se interessava em duas pessoas que fossem aos Estados Unidos, com alguma formação inicial psicológica em educação e que fizessem lá alguns cursos de interesse da pessoa e de interesse do serviço que a gente ia realizar. Então, a gente foi para os Estados Unidos

com essa intenção, mas o curso era dividido em duas partes: você fazia uma experiência ou um trabalho na Escola Elementar e, ao lado disso, você entrava na Universidade e fazia aqueles cursos com créditos em Psicologia, de acordo com a necessidade ou com o tipo de trabalho que você iria realizar aqui. Essa Especialização em Educação Elementar não se referia apenas a Psicologia; era geral – o que se faz numa Escola Elementar nos Estados Unidos, o tipo de metodologia usada, a parte administrativa, a situação pedagógica do curso..."

"Eu me formei em Filosofia. Fiz o curso de Didática, aquele 4º ano de Filosofia, onde tive meu primeiro contato com o Bessa, que lecionava Psicologia da Educação. Foi assim que despertou meu interesse pela Psicologia Educacional, em 1962, que naquela época era um curso de pós-graduação, porque ele exigia que a pessoa fosse formada em curso superior".

"Eu comecei a estudar na Escola de Filosofia, no curso de Filosofia e fui para São Paulo em 1956, fazer um curso de Especialização para Técnico em Educação. Era um curso patrocinado pelo INEP, UNESCO e Universidade de São Paulo. Passei no concurso para Técnico de Educação, continuei trabalhando na Secretaria da Educação e fui fazer o curso de Orientação. Na época (acho que era 59), começaram os preparativos para organização da carreira de psicólogo; começou naquele movimento com relação ao registro de psicólogo, ao que eles poderiam aceitar ou não, à situação de quem já estava trabalhando na época. Nessa época, por causa do curso de Orientação Educativa, a gente fazia no Colégio de Aplicação uma orientação profissional e uma orientação vital, assim mais terapêutica. Mais tarde, esta parte ficou para os psicólogos".

> "Eu comecei o meu curso de Pedagogia lá na Santa Úrsula, em 1957. Então o meu pai permitiu que eu ficasse no Rio, fazendo o curso; naquela época, mulher nenhuma saia de casa para estudar. Logo no 1º ano eu escolhi que desejava realmente trabalhar com educação. Foi uma opção que eu fiz muito cedo, desde o curso normal. No 2º ano, meu pai mudou-se para Belo Horizonte, porque ele não admitia mulher fora de casa; então, viemos para cá e eu fui fazer o curso na Católica".

Como se pode depreender destes relatos, até a década de 1960 não havia a possibilidade de formação do profissional que pretendia atuar no campo da Psicologia. Logo, devido à falta de opção, o cenário e o enredo pelos quais os atores expressam sua preferência são nitidamente, os da Educação. Como se pode verificar, todos vêm no âmbito educacional o espaço para sua representação e para definição de seu papel. Provavelmente, o caráter de dignidade do qual se reveste essa área do fazer humano (educação), oferece uma contribuição para a escolha de uma fachada, expressando, como já foi mencionado, a idealização do ator.

É evidente, também, a falta de limites entre a área de atuação do pedagogo e do psicólogo. Até 1962, é possível explicar esta indefinição de campos como consequência da inexistência de um curso universitário dedicado à formação de psicólogos e do fato de esses profissionais emergirem quase sempre dos cursos de Pedagogia ou Filosofia.

Além da origem ligada à Filosofia – pelo fato de muitos dos primeiros especialistas em Psicologia da Educação virem deste curso, os primórdios dessa área do conhecimento estiveram associados à formação religiosa ou ao tradicionalismo familiar de cunho religioso, marca cultural do povo mineiro. É, portanto, mesclado com a formação religiosa, que se instala o saber psicológico. A consequência dessa origem se faz sentir quando a importação de novas teorias e o uso de termos em voga na psicologia americana fazem recair sobre a Psicologia acusação de ser materialista.

Na tentativa de evidenciar a imagem que se tem da Psicologia da Educação segundo essa perspectiva, são relacionados os seguintes depoimentos:

> "Em 1947, comecei os estudos de duas obras que até hoje continuo a consultar: a Bíblia Sagrada e as Obras completas de Sigmund Freud. Meu interesse pela psiquê surgiu do meu convívio com meu pai, homem admirável, escriturário do Manicômio Judiciário, que estudava Psicopatologia por gosto, nos livros e na prática da convivência com os interesses com os internados do Manicômio. Diplomei-me orientadora e administradora escolar pelo curso de Administração Escolar do Instituto de Educação de Minas Gerais, em 1951. Nesse curso, aprendi mais de Psicologia fora das aulas, pois o professor Iago Pimentel, nos corredores, nos compensava de suas aulas estéreis, com descrições lapidares dos tipos humanos". (depoimento de Auxiliadora Brasil)
>
> "Eu não me considero psicóloga nem mesmo psicóloga educacional, pela forma como eu vim a chegar à Psicologia. Eu me formei em Filosofia, no tempo em que tanto a Federal quanto a Católica eram pequenas escolas e debaixo daquela influência da mamãe, que achava que a formação tinha que ser com fundo religioso e sólida, eu nem pensei na Federal. Fiz na Católica, por volta de 1947-1948. (...) De Psicologia, o primeiro professor que nós tivemos foi Frei Fosan. De Filosofia, ele podia saber um punhado de coisas; de Psicologia ele era ainda do tempo da Psicologia

> Racional, de que ele não gostava. Então, o que ele nos deu? No 1º ano da Faculdade foi o estudo de Bergson, porque ele era tradutor de Bergson, biógrafo de Bergson e entusiasta da posição bergsoniana, que é toda ela intuitivista... Quando ele parou, no 3º ano a professora foi Maria Sílvia Machado, que tinha uma orientação francesa...". (Maria Luiza de Almeida Cunha)

A estreita relação entre Filosofia, Religião e Psicologia observável no início da história da Psicologia, repete-se em Minas, no processo de desenvolvimento da área de conhecimento que é objeto deste estudo. Este fato é justificável, uma vez que as três áreas ocupam da origem e do destino do homem e só o processo de amadurecimento dos interessados por estes temas define a ótica pela qual eles pretendem abordá-los.

As raízes da Psicologia da Educação em Minas Gerais apontam, pelo menos, quatro momentos críticos, se a considerarmos do ponto de vista da formação dos atores: no primeiro momento, os atores provêm da Europa ou lá fizeram sua formação; no segundo momento, eles provêm de áreas diversas de conhecimento e tentam especializar-se em Psicologia da Educação; num terceiro momento, definem-se duas instituições como responsáveis pela formação do pessoal para esta área – a Escola de Aperfeiçoamento e a Faculdade de Filosofia da Universidade de Minas Gerais. O quarto momento é representado pela inclusão de novas teorias importadas da América do Norte e de novas técnicas, com o objetivo de definir o campo da Psicologia da Educação, assegurando-lhe status privilegiado.

O primeiro momento foi amplamente abordado, fazendo-se referência à Missão Europeia e ao magistério de

Helena Antipoff. No segundo momento, de acordo com sua formação acadêmica, alguns profissionais procuram desenvolver uma Psicologia Filosófica, assim como outros dão à sua Psicologia um caráter fisiológico, que aproxima da Medicina. Existem, ainda, os que estão voltados para o aconselhamento e orientação, de forma análoga à orientação de escolas religiosas ou de comunidades religiosas mais amplas. Finalmente, há educadores, pessoas com ideias bem definidas a respeito da educação e que usam a Psicologia como recurso para justificar suas crenças. É interessante notar que, apesar de tão diferentes orientações, todos deram a seu trabalho o título de Psicologia da Educação. Assim, o que a memória social retrata não é o conceito de Psicologia da Educação, mas a representação social que se tem do que ela pode ser.

O terceiro momento desse processo evolutivo permite definir dois núcleos de formação de especialistas em Psicologia da Educação – Escola de Aperfeiçoamento e Faculdade de Filosofia da Universidade Federal. Embora sejam duas escolas oficiais, suas diferenças irão se tornando bem evidentes e o principal fator determinante desta distinção é a personalidade de dois líderes que nelas se instalam. De um lado, uma europeia – Helena Antipoff, professora que tenta preservar suas raízes europeias. De outro lado, um brasileiro curioso, ousado – Prof. Pedro Parafita Bessa, que do seu lugar em Minas tenta abordar o conhecimento que elabora no mundo, importando livros e revistas não só da Europa, mas também dos Estados Unidos e outros países. Alguns fatos evidenciam a percepção dos atores como neste relato:

> "Bacharel em Pedagogia em 1954, licenciada em 1955, pela Faculdade de Filosofia, constituindo a 'turma do eu sozinha', pois fui aluna única do cur-

> so o tempo todo, aprendi com o professor Pedro Parafita de Bessa os fundamentos da Psicologia e a disciplina do pensamento científico. É de notar-se a influência de D. Helena em minha formação, na qualidade de minha supervisora no curso de Orientação Educacional (1960-1961)". (Auxiliadora Brasil, que foi aluna dos dois professores)

O quarto momento, também ligado à situação indefinida do campo da Psicologia da Educação, consiste na busca de novos conhecimentos destinados a fundamentá-la, assegurando ao desempenho dos atores o que eles consideram um caráter científico. Assim, as áreas específicas do trabalho educacional (aquele que se desenvolve no seio da escola) passaram a ser consideradas insuficientes para o bom desempenho de um profissional que tivesse de lidar com a Psicologia da Educação. Aos poucos, começaram a ser cogitadas as áreas vizinhas - orientação vocacional e profissional e mesmo orientação vital, assim como seleção e treinamento de pessoal nas empresas. Os próprios atores foram, gradualmente, se envolvendo com este papel que é, sem dúvida, mais claro e confere mais poder - medir inteligência, selecionar pessoas para assumir cargos ou encargos, treinar funcionários de uma empresa.

Os próximos depoimentos mostram a ênfase dada, no início da década de 1950, à experiência com a Psicometria, a Seleção e o Treinamento de Pessoal. Essa nova atitude é que provavelmente explica porque um professor de Psicologia da Educação só aceita ministrar suas aulas se os alunos puderem, paralelamente, realizar um estágio num Serviço de Orientação e Seleção Profissional. Além disso, o aluno só se percebe bem formado se dispuser do instrumental que lhe é fornecido pela Psicometria.

> "... daí, eu comecei a fazer um estágio no SOSP, um estágio que não era ligado ao curso; era um estágio de treinamento e aprendizagem das técnicas usadas no SOSP. Ao mesmo tempo, eu procurei o Banco da Lavoura e o professor Pierre Weil, para me candidatar ao trabalho lá, porque eles desenvolviam um trabalho extremamente bem organizado e bem elaborado no terreno da Psicologia. Havia na época o Departamento de Orientação e Treinamento, era o famoso DOT do Banco da Lavoura, que era chefiado pelo Pierre Weil e para trabalhar lá eu precisava de experiência, de saber Técnicas de Exame de Inteligência, de Personalidade para trabalhar em Seleção ou em Orientação de Pessoal. Por isso eu fui fazer o estágio no SOSP, para depois me candidatar no Banco da Lavoura".
>
> "Aqui, nós éramos só duas. A Maria Sílvia Machado, que era professora de Psicologia, quando não estava passando bem, dava aula até em casa e nos emprestava todos seus livros. Aí a Maria Sílvia foi estudar na Europa e quem assumiu as aulas no seu lugar foi D. Elza Lima, que só admitiu dar as aulas com a condição de nós frequentarmos o SOSP quatro horas por dia, a fim de fazermos uma prática. O Pedro Bessa, que era o Diretor, autorizou e nós começamos a fazer um curso prático de Psicologia que durou um ano. Quando o Banco da Lavoura começou a selecionar psicólogos, pedagogos, foi este estágio que me valeu".

Outro aspecto observável na origem da formação profissional dos é autores é o autodidatismo e a formação em cursos não-universitários. Um traço cultural próprio de países subdesenvolvidos é uma desvalorização deste tipo de formação e, a valorização dos títulos universitários. Assim, o desempenho de um ator, por mais adequado que fosse, não lhe assegurava o direito de assumir um personagem e, para tanto, fosse necessário que uma entidade exterior a este processo desse autorização para que se identificasse, na representação, o personagem.

> "... Eu já tinha o meu registro de psicóloga, do MEC, pelo curso que eu tinha feito na Escola de Aperfeiçoamento, pelo ano em que eu funcionei como assistente de Laboratório e pelo curso feito no Rio. Mesmo assim, ele (o Diretor do SOSP, Dr. Schwarstein) insistia comigo que eu fizesse um curso universitário, porque um título pesa muito e acabei voltando à universidade. Matriculei-me na Federal. Não havia o curso de Psicologia. Fiz matérias isoladas. Fiz o 1º ano do curso de Pedagogia, que correspondia ao curso da Escola de Aperfeiçoamento".

Revendo as raízes, ou seja, a formação dos atores para o desempenho que iria marcar suas vidas, é importante enfatizar alguns pontos. O primeiro deles é que a Psicologia da Educação neste Estado foi importada diretamente da Europa, através da Missão Europeia que esteve no Brasil, ou indiretamente, através da formação de especialistas nos Estados Unidos, sob a orientação de americanos formados na Europa. Acresce a essas influências a permanência da professora Helena Antipoff no Brasil, onde ela ganhou grande prestígio e a busca de especialização na Europa – especialmente em Paris e Genebra – pela segunda geração de psicólogos educacionais. Essas influências explicam a inclusão, no campo da Psicologia da Educação, de estudos relativos à psicologia experimental europeia, à psicometria, à psicofísica, assim como a tendência funcionalista que orientou as escolas.

Entre os primeiros profissionais da área de Psicologia da Educação, ou se foi aluno ou se foi assistente de Helena Antipoff ou ela é tomada como exemplo a ser seguido, ou modelo a ser superado. Além disso, sua influência se fez sentir através de pessoas por ela formadas, como Pedro Parafita Bessa e Irene Lustosa. O pioneirismo de trabalho levou a mistificação de seu papel, fenômeno que Goffman analisa e que, do ponto de vista do conhecimento social, mostra a influência do afetivo sobre a nossa maneira particular de conceber o mundo.

Mais do que a referência a uma pessoa, fica registrada na Psicologia da Educação em Minas a filiação a um modelo metodológico e a uma maneira bem particular de se ver psicologia, que são próprios da linha de trabalho europeia.

O segundo ponto a ser observado é que, depois de analisar as origens da área de conhecimento que é alvo deste estudo, verifica-se que, em Minas Gerais, a Psicologia da Educação não emerge da Psicologia, como ciência que deve ser aplicada à Educação. Contrariamente a essa lógica, a Psicologia da Educação precede a própria Psicologia e é a partir dela que vai surgir o interesse científico dos primeiros psicólogos que, mais tarde, irão trilhar caminhos diferentes dos que são próprios da educação, especialmente da educação escolar. Reforça este ponto o fato que o primeiro curso de Psicologia, que antecede na Universidade Federal o curso regular, é um curso de formação de psicólogos educacionais, destinado aos que já trabalhavam em Psicologia.

Esta íntima relação entre Psicologia e Educação acaba por confundir, desde a origem, o campo de cada uma delas e por isto, quando se fala hoje em Psicologia da Educação, raramente é claro qual o termo que se adjetiva, ou mesmo qual o preciso significado de cada um dos termos que compõem o substantivo composto Psicologia da Educação.

2.4 – A TRAJETÓRIA

"O senhor... mire e veja, o mais importante e bonito do mundo é isto, que as pessoas não estão sempre iguais; não foram terminadas – mas que elas vão sempre mudando. Afinam ou desafinam verdade maior. É o que a vida me ensinou.

GUIMARÃES ROSA

O termo "carreira", tradicionalmente usado para referir-se ao encaminhamento de pessoas visando a atingir postos gradualmente mais elevados de uma profissão respeitável, tem sido usado em sentido amplo, para indicar "qualquer trajetória percorrida por uma pessoa durante sua vida" (GOFFMAN, 1961). Não há, neste sentido, um caráter ético implícito, pois a carreira tanto pode representar um percurso marcado pelo sucesso quanto pelo insucesso. Além disso, pode tratar-se de uma sequência de acontecimentos relativos à mesma atividade ou a atividades diversificadas.

Falar desta trajetória percorrida durante a própria vida é algo que pode ser visto de dois ângulos: do primeiro, a carreira está ligada a assuntos íntimos e preciosos, como a imagem do eu e a segurança do que o sujeito experimenta; do segundo, a carreira pode referir-se à avaliação do que é feito por um ator, quando seus superiores ou seus pares emitem uma avaliação sobre seu desempenho.

O texto até então abordado sobre a carreira se deteve sobre assuntos pessoais dos entrevistados, imagens do seu eu que eles exteriorizaram. Nesse quadro, os primeiros psicólogos educacionais se referiram à professora Helena Antipoff como o personagem que cada ator ligado à Escola de Aperfeiçoamento aspirava encarnar, pois simbolizava o eu idealizado por eles. Laing (1978) observou que as "identidades exigem um outro – alguém em quem e através de quem a autoidentidade é efetivada". Logo, a própria identidade é buscada na identificação com um personagem forte.

Paradoxalmente, a professora era a representante de um modelo estrangeiro e defendia a construção de uma psicologia tipicamente brasileira. Este paradoxo coloca em relevo outro – a contradição de se buscar a superação da dependência cultural e econômica na importação do saber estrangeiro, comportamento que é próprio de países subdesenvolvidos, que se tornam consumidores dos bens de cultura produzidos por povos desenvolvidos.

À medida, contudo, que evoluía a instituição e, correlatamente, os atores iam definindo seus próprios papéis, o comportamento destes atores e o sentido de Psicologia da Educação foram se alterando. Inicialmente, as alterações se apresentaram sob a forma de ampliação dos interesses dos atores e consequentemente ampliação do campo da Psicologia da Educação, permanecendo, contudo, um certo culto à personalidade da professora e a própria psicologia europeia.

> "...uma das assistentes do Laboratório de Psicologia da Educação foi mandada para São Paulo para fazer um curso e o Dr. Cristiano Machado (na ocasião, Secretário de Educação) escreveu-me pedindo para vir substituí-la. Como se tratava de substituição e era uma oportunidade de trabalhar com D. Helena,

eu vim. Nesta mesma época, D. Helena foi chamada para o Ministério da Educação. Eu fiquei com as assistentes, dividimos os trabalhos mas sentindo a falta de D. Helena. Todos ficaram com receio de prejudicar as ideias dela ou não saber tratá-las à mesma altura..."

"... o Dr. Abgar Renault, Secretário da Educação, descobriu o Dr. Mira Y Lopez... que propôs a criação do SOSP... Escolheram D. Helena, que indicou o meu nome e, através do Dr. Abgar, minha presença foi solicitada com a máxima urgência em Belo Horizonte. Eu fui o primeiro técnico (porque não podia ainda ter o título de psicólogo) do SOSP... Dr. Mira deu-nos assistência direta, sendo um orientador de primeira grandeza que assistia pessoalmente todos os trabalhos. Ele diretamente nos ensinava a aplicar os testes e foi então que eu iniciei minha vida no SOSP (1949). Em 1950 fomos mandadas para o Rio a fim de fazer um curso no ISOP sobre Técnicas Projetivas... o curso foi de um ano. No Rio, me aperfeiçoei neste trabalho, com Tabelas mais científicas, baseadas em Desvio-padrão, Tabelas de Tetronsetc. Quando voltei para Minas continuei no SOSP ainda por muito tempo. Nesta ocasião, o Dr. Guerino Casasanta, que era professor do Curso Normal no Instituto de Educação teve necessidade de se licenciar, porque estava adoentado e eu fui convidada para substituí-lo. Eu acumulei o trabalho no SOSP com as aulas no Curso Normal. Comecei como substituta e, posteriormente fiz o concurso, fui aprovada e nomeada para a cadeira, que continuei acumulando com o SOSP. (...) Aconteceu que o Dr. Iago Pimentel, professor de Psicologia da Educação do Curso de Administração Escolar ficou doente e a pedido do Dr. Mário Casasanta (então Diretor do Instituto de Educação) fui substituí-lo. (...).Quando

> assumi as aulas, o Laboratório havia sido destruído pelo incêndio. Fiquei no curso até 1962 ou 1963. Depois, fui substituída por Geralda Ávila e quando aumentaram o número de turmas houve o concurso e foi quando você entrou."

É oportuno lembrar que D. Helena deixou Minas Gerais em 1945, indo prestar serviço no Rio de Janeiro e não se abriu concurso para ocupação da vaga até 1966, quando o governo militar mandou que as vagas em instituições públicas fossem preenchidas por concurso e a autora deste texto foi aprovada para o cargo. Fica evidente neste comportamento adotado pela direção da Escola de Aperfeiçoamento, depois transformada em Curso de Administração Escolar a intenção de manter intocada a imagem de Helena Antipoff no Curso.

Do ponto de vista da carreira, percebe-se um trânsito do profissional de uma instituição para outra, sem que haja uma conscientização de que seu papel é divulgar um tipo particular de Psicologia da Educação. Acompanhando a trajetória da entrevistada que fez o último relato, verifica-se que sua opção pela Psicotécnica, assunto no qual se formou, não lhe assegurou a oportunidade de escolha do papel que deveria representar, pois o esperado era demonstração de lealdade às ideias do grupo que a indicava.

Já do ponto de vista da Psicologia da Educação, percebe-se um desvio inicial do modelo europeu na década de 1960, devido à inclusão da psicotécnica – esta já com influências americanas – no quadro das atividades do profissional da área. O âmbito de influência deste tipo de Psicologia da Educação se expande e já ultrapassa os limites da Escola de Aperfeiçoamento e atinge a Universidade Católica e o SOSP.

Uma questão que permeia esta história é o papel da mulher na sociedade. A socialização de pessoas do sexo feminino lhes impõe limitações profissionais às quais elas se acomodavam, a ponto de nem sequer experimentarem frustrações quando seus caminhos eram adulterados. É frequente, à época, uma professora amante da Psicotécnica contentar-se em ser professora de Psicologia da Educação desde que optou por ser mãe. As limitações sócioculturais que impõem à carreira de uma mulher, estes cortes abruptos e radicais não reformulam apenas a satisfação de suas necessidades, mas influenciam, sobretudo, a própria estrutura do si mesmo, a identidade. Assim, a identidade feminina costuma obrigar as pessoas a desempenharem o papel possível, mesmo que ele tenha pouco a ver com o idealizado.

Um depoimento da década de 1960 vem denunciar, de modo claro, a discriminação em relação ao trabalho da mulher e expõe a aceitação da entrevistada:

> "Depois que eu casei fui convidada delicadamente a sair do Banco da Lavoura. Eu estava fazendo Psicologia Aplicada à Empresa, na Casa Guanabara. O Dr. Djalma Teixeira de Oliveira dava uma assistência lá, uma assessoria ao papel da Diretoria e me convidou para montar um Setor de Psicologia. Então eu trabalhei durante uns 8 meses. A Guanabara foi encampada na época por um grupo do Rio e eu tive de parar minhas atividades. Foi justamente na época em que surgiu a oportunidade lá na Faculdade de Filosofia, onde eu comecei lecionando para o Curso de Filosofia, curso que eu tinha feito originalmente. Ai, eu comecei a trabalhar na Faculdade. Casada, meu trabalho ficou incompatível com a vida de casada. Então eu fiquei só na Faculdade, primeiro dando aulas para alunos de Filosofia, depois para a segunda turma de Psicologia."

Na sequência do desenvolvimento da Psicologia da Educação em Minas, um evento ocorrido a nível de relacionamento interpessoal resulta na mudança dos rumos desta área de conhecimento, como expõe o próximo depoimento:

> "Um dia D. Helena me chamou lá na secretaria do Instituto e me convidou pra ir trabalhar com ela. D. Helena gostava de formar professora rural (...). Havia uma escola lá em Conselheiro Mata, perto de Diamantina. D. Ludimila, diretora desta escola de D. Helena, era uma pessoa muito convincente. Quando eu cheguei na Fazenda do Rosário, ela falou que eu faria um bem muito grande dando aula para aquela gente lá (...). Fiquei lá uns dois ou três anos. Depois eu vim aqui para a Fazenda do Rosário e trabalhei com D. Helena no laboratório de Psicologia do ISER (Instituto Superior de Educação Rural). Começamos em junho de 55. D. Helena coletava material para pesquisa com as professoras rurais (...) e a gente tinha que fazer a apuração (...). Eu tinha feito um curso no Rio, no INEP e o pessoal lá tinha muita consideração comigo... eu pensei na Bélgica e em Genebra. Aí, eu escrevi para (...) eu pedi em março de 58 e em julho já estava com a passagem na mão. Lá na Europa, eu estudei no Instituto Jean Jacques Rousseau, que é uma espécie de faculdade de educação da Universidade de Genebra. A Universidade foi criada por Calvino, como Faculdade de Teologia, depois foi aglomerado ali o resto. Quando eu fui, estavam comemorando o 4º centenário (...) Ali, eu fiz matérias isoladas, montei um currículo e escolhi um professor orientador, o professor André Rey, que já tinha vindo aqui (...) Ele tinha muito de experimentalista, se bem que não do tipo americano (...) ele fazia restrições ao Piaget. Quando eu voltei, vim para o curso de Administração Escolar."

Analisando-se este depoimento, verifica-se a desmistificação da figura que representou, durante vários anos, a autoridade que assegurava o estatuto de cientificidade à Psicologia da Educação. Mesmo que, à época, os fatos não tenham suscitado polêmica, sua significação histórica é grande, pois quando o Curso de Administração Escolar veio substituir a extinta Escola de Aperfeiçoamento, foi a este ator que se entregou o papel antes representado pela professora Helena Antipoff.

Quando um protagonista deixa o palco ou quando um diretor de cena se afasta, o preenchimento do espaço deixado exige um prazo e requer um esforço intenso. A reserva com a qual a plateia aguarda o reinício do espetáculo não é menor que o receio do ator. Este quadro se torna mais desafiador quando o cenário foi empobrecido devido a acidentes e o momento é posterior ao incêndio do Laboratório de Psicologia que funcionava no Instituto de Educação e à perda dos incentivos financeiros assegurados ao Curso de Administração. A expectativa do ator e da plateia era bem grande, pois à Psicologia da Educação se atribuía a principal razão do status do Curso.

Perpassando tudo isto, está a carreira de um profissional que busca sua própria identidade negando seu modelo, mas não consegue senão estabelecer com ele uma competição, aqui evidenciada pelos cursos que realizou – curso no ISER, no Rio e No Instituto Jean Jacques Rousseau, em Genebra.

Uma avaliação dos depoimentos apresentados evidencia que mesmo divergindo em termos de percepção e atitudes da protagonista do espetáculo, estes atores não ousaram alterar de modo significativo o enredo da peça. Seus relatos diferentes nos expõem duas faces de um mesmo rosto, pois, apesar da diversidade de pessoas, todas compunham uma unidade institucional.

A vinculação da professora Helena Antipoff à Escola de Aperfeiçoamento e o fato de os profissionais ali formados a terem escolhido como modelo, explica por certo, a coerência da fundamentação teórica daquele grupo, segundo as linhas da Psicologia Europeia. Embora a atuação privilegiada dessa professora se desenrolasse na Escola de Aperfeiçoamento, havia um desempenho paralelo na Faculdade de Filosofia da Universidade Federal e a indicação de docentes e técnicos para a área de Psicologia da Educação que iriam atuar em outras instituições. O grupo assim estruturado persistiu até a transformação do Curso de Administração Escolar em Curso de Pedagogia já na década de 1970, quando a inclusão no elenco de pessoas de origens profissionais diversas levou à redefinição das linhas de trabalho e alterou a totalidade do espetáculo.

Uma alteração significativa deste quadro, no qual Helena Antipoff é colocada como diretora de cena, teve início quando ela deixou Minas e foi para o Rio de Janeiro e um ex-aluno seu passou a integrar o elenco. A forma de sua admissão deve ser lembrada:

> "Quando D. Helena foi para o Rio, precisava de um professor para substituí-la e não havia ainda uma remuneração definida. Então, como ela não fez uma indicação, decidiram escolher o aluno de D. Helena que tinha tido a melhor nota com ela. Tinha sido eu e me pediram para ficar. Eu não queria inicialmente, porque tinha me formado em Ciências Sociais (...)

A não indicação pelo diretor de cena já descompromete o ator com o espetáculo que era apresentado. De certa forma, não ter sido convidado como os demais atores, mas ter sido escolhido com base no seu próprio rendimento cria uma situação de maior segurança e, por maior que fosse a mitificação do diretor de cena, fica assegurada maior liberdade ao ator. Assim, apesar da citação da representante da Psicologia europeia, os rumos começam a mudar gradualmente.

> "Então eu passei a lecionar a chamada Psicologia Educacional no curso de Didática. Resolvi me preparar para a nova matéria. Então, eu comprei muitas revistas de Psicologia: francesas, americanas etc, tudo por minha conta, mas eu assinava tantas, que vinham revistas destinadas a outros Estados, que não eram minhas, porque o Departamento de Correios deve ter-se acostumado. Eu estudei a matéria, para me preparar melhor. (...) Eu particularmente lia Clark Hull e outros autores americanos. Lia também Watson, mas não tanto porque já era de outra geração (...) eu comecei a ler Carl Rogers, um livro em que ele trata da terapia de crianças, de 42. Esse livro eu importei. Então eu comecei a ler vários livros, muitas revistas da Inglaterra, autores como Bartlett, posteriormente Eysencketc. Em 1946, eu comecei a ter contato com pessoas de outros lugares. Em 1947, com o ISOP, do Rio (...) então eu fui procurar o Mira Y Lopez. Disse-lhe que eu queria fazer um estágio lá e aprender o teste dele (o PMK) (...) Dr. Mira me recebeu muito bem, mandou uma pessoa me ensinar, deixou que eu olhasse a biblioteca, me deu cópia de muita coisa. Na época, não tinha xerox e eu contratei um datilógrafo para copiar para mim."

A partir da atuação deste professor, a Psicologia da Educação começou a perder sua orientação exclusivamente europeia, passando a abordar estudos realizados em outros países. Este professor começou a transitar por todas as instituições que lidavam com esta área de conhecimento, tornando-se o protagonista em todos os palcos e sua individualidade deu conotações novas à peça que estava sendo apresentada. Analisando-se a trajetória deste profissional pode-se identificar a influência do seu desempenho.

> "Havia uma sociedade que se chamava Sociedade Mineira de Psicologia, Psiquiatria e Medicina Legal, que era formada por alunos principalmente de Medicina... e Direito. Então eu comecei a conhecer as pessoas de lá (...) o Dr. Moacir ficou muito interessado (no teste) e arranjou para eu trabalhar lá (na penitenciária de Neves) como autônomo. No SOSP, eu trabalhei em todos os setores, de 49 a 52. Quando ele (o 1º diretor) saiu, eu assumi a direção, onde fiquei até 1957 ou 58. O Instituto de Psicologia da Universidade Católica começou em 1957, com a criação do curso de Orientação Educacional e prosseguiu 1968, com a criação do Curso de Psicologia. Esses dois cursos que funcionaram interligados representam uma conquista para o Estado de Minas Gerais (...) O Instituto teve uma série de dificuldades iniciais (...). Juntamente com a do Pe. Orlando Vilela, a minha intervenção impediu que o Curso da Católica se fechasse naquela ocasião, o que foi de grande valia para Minas Gerais, dado o número de excelentes profissionais que a Universidade Católica tem formado a cada ano. Desde 1960/61 que o grupo da Federal também pretendia criar alguma coisa no campo de Psicologia, de maneira independente. Havia dois problemas: o projeto de lei que tramitava no Congresso previa que os formados em Pedagogia e Filosofia que tivessem um curso de especialização teriam direito ao registro como

> profissionais. Esses cursos não existiam aqui em Minas; então nós trabalhamos muito para criá-los e depois de muitos incidentes junto à direção da escola e à Congregação, nós conseguimos no último momento (poucos dias), antes da lei ser votada e assinada pelo Presidente. Esse curso permitiu que várias pessoas... tivessem sem maiores problemas seus respectivos registros junto ao Ministério. Na mesma ocasião, nós começamos a trabalhar para a criação do Curso de Psicologia e aí também houve vários incidentes, dificuldades, como não podia deixar de haver; afinal, a resistência às coisas novas é importante também para que essas coisas novas se afirmem. Se não houvesse resistência não haveria mérito na criação das inovações. Havia bastante resistência, mas nós conseguimos levar o assunto à Congregação e demonstrar que seria uma opção muito importante e o curso foi criado no final de 1962. (Prof. Pedro Parafita de Bessa)

O sentido de "carreira" expresso neste depoimento não consiste em ser "seguidor" como os demais assistentes, nem constitui a evolução do profissional de magistério que a reforma universitária explicitou anos mais tarde. A carreira deste personagem foi constituída de passagens por diversas instituições, às quais ele imprimiu a marca de seu trabalho, ora dando início a um novo espetáculo, ora estimulando espetáculos que se encenavam simultaneamente ou que se sucediam ininterruptamente.

Aos poucos, cada uma das instituições às quais o ator esteve ligado – Faculdade de Filosofia da UFMG, SOSP, Instituto de Psicologia da Universidade Católica – ganhou uma identidade própria. Apesar de ter sido ele o diretor de cena na fase inicial de todas elas, cada instituição foi ganhando características bem peculiares no curso de seu desenvolvimento e sua participação foi sendo substituída em alguns palcos ou simplesmente encerrada em outros.

Na Universidade Católica, seu sentimento de "não pertencer" ao grupo de religiosos, portanto, a experiência de não filiação, o fez abandonar a instituição por cuja sobrevivência havia lutado pouco antes. Entretanto, deixa entrever sua percepção de continuidade através do outro ao afirmar:

> "Nessa ocasião, assumiu a direção do Instituto um profissional que veio do curso de História Nacional na área de Ciências Biológicas e se interessou pela Psicologia a partir de que foi meu aluno na Universidade Federal. Na época, era um religioso (...) posteriormente foi dispensado das ordens religiosas (...) um excelente profissional".

Abandonou, também, o SOSP, que se caracterizava como órgão técnico, de seleção e orientação profissional, criado graças a seus esforços desenvolvidos junto ao ISOP e ao Governo do Estado. A equipe deixada por ele no SOSP teve atuação relevante na década de 1960, quando foi criado o curso de pós-graduação em Orientação Educacional e posteriormente o curso de Psicologia; na ocasião, membros dessa equipe formaram o corpo docente do novo curso e possibilitaram a demonstração de técnicas psicológicas e o estágio para os profissionais que estavam iniciando sua formação. Isto é confirmado pelo depoimento de uma ex-aluna do Curso de Orientação Educacional e do Curso de Especialização em Psicologia da Educação, que funcionou em 1962/63:

> "Os professores do curso eram, além do Bessa, o pessoal que trabalhava com ele no SOSP: Marina

> Tavares, Maria Célia Bessa, Suzana Ezequiel, Elza Lima e mais Auxiliadora Brasil e o prof. Pierre Weil, que era também professor lá na Faculdade, foi convidado e teve uma atuação muito brilhante".

De certa forma, infere-se deste relato a carreira dos profissionais dos SOSP, que à partir deste momento passaram a constituir o grupo inicial de professores do Curso de Psicologia da Universidade Federal, recém-criado.

Gradualmente, o Curso de Psicologia da Universidade Federal passou a ser o palco onde o autor cuja carreira expôs todas as transições pelas quais passou a Psicologia ao longo de anos, passou a desempenhar o protagonista, optando pelo magistério de Psicologia da Educação e pelo exercício de cargos administrativos.

> A partir de 1959 eu fui progressivamente sendo levado a ocupar cargos administrativos – primeiro, na Católica, depois na Faculdade Federal com a criação do Departamento de Psicologia (...) [2] e isto eu acho que interferiu muito mais de me dedicar à pesquisa. Em 67 fui colocado na lista tríplice para diretor da Faculdade (Faculdade de Filosofia) assim como uma zebra. Eu disse que era uma zebra porque em 64, logo após a Revolução, eu já era uma pessoa suspeita às novas autoridades. Por motivos que não ficaram bem claros, acabei sendo indicado. (...) Foram dois anos difíceis – 68 e 69; eu assumi em fevereiro de 68 a direção da escola que estava em crise e lá por outubro houve o cerco da escola (...). Houve, logo depois a tentativa de me enquadrar como responsável pelos

[2] O entrevistado foi fundador e 1º Chefe deste Departamento, além de ter sido fundador e 1º diretor do Instituto de Psicologia da Universidade Católica.

> incidentes que haviam ocorrido na Faculdade. Quer dizer, é muito gozado, eles foram lá e cercaram a escola e depois disseram que eu criei o incidente... E por intervenção do prof. Milton Campos e de Pedro Aleixo, que era o Vice-Presidente da República, esse enquadramento, esse indiciamento no inquérito policial-militar foi transformado em depoimento de testemunha (depoimentos que duraram quatro dias no 2º regimento). Eu continuei na direção da Escola e em outubro de 1969 eu fui aposentado". (depoimento de Pedro Parafita de Bessa)

Analisando este relato, verifica-se que a memória do ator, que resulta da percepção de sua própria história, não se detém no horizonte de suas realizações intelectuais – as teses defendidas não são mencionadas, os trabalhos de colegas por ele orientados e dos concursos realizados não citados, apenas o referente à cátedra é brevemente citado e, mesmo assim, para fixar um elo com sua formação.

Bergson (1965) demonstrou que a memória é um ato reiterado de interpretação nunca deixamos de interpretar e reinterpretar nossa própria vida. Assim, à medida que nos lembramos do passado, procuramos reconstruí-lo de acordo com nossas ideias atuais sobre o que é importante e o que não é. Este fenômeno, que os psicólogos chamam de percepção seletiva, significa que diante de um universo quase infinito de fatos que poderiam ser lembrados, só notamos aqueles que têm relevância para nós no momento que estamos vivendo. Provavelmente, se as coisas que deixamos de lembrar nos forem apontadas por outras pessoas, na certa iremos tomar consciência delas, embora literalmente as tenhamos ignorado.

A identidade do autor deste relato, se considerada hoje, é fruto de todos os processos de mudança aos quais ele se refere, especialmente ao seu inusitado afastamento da vida universitária, por um ato de aposentadoria justificado por divergência ideológica do sistema. Diante deste coroamento de sua carreira – e aqui toma-se o termo carreira em seu sentido universitário – que importância teriam as conquistas intelectuais e os sucessos advindos da competição com colegas de equipe?

Infere-se do exposto que um aspecto significativo de qualquer carreira é a interpretação que a pessoa constrói quando olha retrospectivamente sua trajetória. Ao tirar as roupagens do antigo eu ou ao tê-las arrancado, às vezes a pessoa se descaracteriza e outras vezes passa a não sentir a necessidade de uma nova roupa, nem mesmo da audiência diante da qual se apresentava. Isto talvez explique o desinteresse deste ator por requerer o retorno à Universidade e sua posterior recusa, expressa numa solenidade pública, através de um discurso no qual narrava seus sofrimentos e seu repúdio a atos como aquele de que fora vítima. O redirecionamento da carreira deste ator após a aposentadoria deve ser lembrado, não só porque passou a ser caminho para outros profissionais desta área, como também pelos efeitos que teve sob o elenco e a plateia:

> "(...) Tão logo eu fui aposentado, comecei a procurar um local para instalar uma clínica de Psicologia. Cheguei até a tratar com um pessoal o aluguel de uma casa, mas não assinei o contrato. Acontece que eu fiquei novamente doente, porque já havia estado anteriormente com uma forma de câncer (...). Eu fui ao Rio consultar meus médicos, voltei de lá e no fim de semana comecei a atender meus clientes na área clínica. Depois que terminou meu tratamento, passei a me dedicar a esse trabalho. Nessa ocasião, um grupo

de amigos fundou uma clínica para atendimento de crianças junto à Legião Brasileira de Assistência – LBA (na época INPS) que cuidava disso. Eu fui convidado, mas não podia participar porque a legislação arbitrária da época impedia que pessoas que tivessem sido atingidas por quaisquer atos institucionais ou complementares exercessem atividade na Educação, se a entidade recebesse qualquer tipo de ajuda do governo. (...) Então, eu atendia os clientes particulares, clientes não conveniados. E continuei com o consultório em minha casa, trabalhando em clínica, o que venho fazendo até hoje. (...) Em 1980, com a anistia, eu poderia ter voltado (à Universidade). Eu não quis voltar, porque eu achei que seria uma humilhação eu ter sido aposentado de uma forma violenta, arbitrária, sem saber de que era acusado, sem ter direito a defesa. Exatamente uma situação igual a que Kafka descreve no Processo e que também descreve em sua Colônia Penitenciária. (...) Eu teria que requerer e me submeter ao julgamento desses funcionários do Executivo para saber se convinha ou não que eu voltasse... Mas eu não queria requerer e não requeri. Mas não foi essa a única razão. No último dia em que eu podia requerer a minha volta, havia uma greve de fome de presos políticos e eu achava que a anistia não era ampla, tão geral quanto se dizia. E por outro lado, eu havia considerado que muitas das pessoas ditas libertadas pela anistia foram por decretação do Tribunal Militar que mandou dar-lhes liberdade condicional... Eu achava que isso era injusto com as pessoas que tinham sido atingidas, assim como eu achava que era injusto comigo, ter de voltar pedindo a uma comissão de gente que era da confiança do Governo. Então eu não voltei... Acho que minha decisão foi acertada; eu a tomaria da mesma forma se as circunstâncias fossem idênticas".

Nestes momentos da representação, há uma discrepância entre o eu humano e o eu socializado, que é fruto de uma idealização. Mesmo tendo sido afastado por um motivo pouco relevante, este professor preservou o orgulho de ser considerado valioso pelo seu grupo e optou por não submeter-se a qualquer julgamento.

O vanguardismo do ator, sua capacidade de transitar por equipes qualificadas e nelas exercer a liderança, a luta pela implantação de novas áreas de trabalho asseguravam-lhe o poder do qual se revestem as figuras de autoridade. Por um lado, quando nos revestimos do caráter de personagens em face de um grupo, há uma burocratização do espírito, a fim de que possamos executar uma representação homogênea, sem os altos e baixos do nosso lado humano.

Por outro lado, forma-se sobre nós a expectativa de um público que alterna os papéis de equipe e plateia, ao qual inspiramos confiança e que, por isto, nos atribui certa invulnerabilidade. A percepção desta expectativa é responsável, provavelmente, pela força experimentada pelo personagem na sua atividade social, aspecto percebido como significativo para seu eu e marca dominante de sua carreira.

"O processo de socialização não apenas transfigura, mas fixa" (Goffman, 1978). Dois fatos relacionados ao desempenho deste ator evidenciam a coerência que se tornou marca de sua identidade:

- o primeiro ocorreu quando, após o cerco da escola, a ameaça da aposentadoria não fez mudar sua linha de ação.
- o segundo diz respeito à dignidade com a qual se recusou a retornar ao exercício profissional na Universidade, quando lhe foi apresentada oportunidade para isto.

O afastamento de cena deste ator provocou na equipe, que passou a desempenhar o papel de plateia, um sentimento de impotência que, provavelmente, está na origem da parada de desenvolvimento da carreira de diversos outros profissionais, assim como na interrupção do processo evolutivo da Psicologia da Educação por um período que durou aproximadamente dez anos. Do ponto de vista da carreira das pessoas, a identificação com o mestre gerou frustração e dificuldade de encontro de novo orientador para a produção dos trabalhos acadêmicos. Do ponto de vista da evolução do desenvolvimento da Psicologia da Educação e da própria ciência psicológica, também ocorreu uma paralisação, devida ao estado emocional dos atores. A crise, cujo *locus* principal foi a Faculdade de Filosofia da UFMG, se instalou também nas várias instituições pelas quais transitou o professor Pedro Parafita Bessa quanto naquelas nas quais atuavam seus discípulos. Pode-se afirmar que o momento de crise gerado pela retirada do diretor de cena trouxe desequilíbrio a esta representação.

De uma perspectiva dramatúrgica, é compreensível que a plateia chore ou ria com o desempenho de seu personagem ou que fique sobressaltada quando o desenrolar de uma cena não ocorre numa sequência previamente estabelecida. Entende-se pois, que o elenco permaneça estarrecido quando o ator principal, atingido por um acidente, é retirado de cena. Neste caso, até que sua substituição se faça, há um transcurso de tempo, durante o qual se faz a avaliação de cada elemento da equipe para assumir o papel e cada qual vive, a seu modo, a frustração da tarefa interrompida, fantasiando sobre a interação que deveria ter ocorrido.

Os depoimentos que se seguem evidenciam a influência deste corte sobre o desenvolvimento da carreira de seus seguidores.

> "(...) Em 66 nós começamos a fazer os Exames de Doutoramento; fizemos a primeira parte dos exames e teríamos que fazer a segunda parte, que seriam duas línguas e uma matéria à escolha do candidato, relacionada com o tema; depois faríamos a tese. Ele (o prof. Bessa) começou até a fazer reuniões com os professores que tinham feito a primeira parte e passado nos exames preliminares. Então, com a aposentadoria dele o processo foi seccionado; eu acho que houve um atraso muito grande nesse sentido..."

No próximo depoimento encontra-se a primeira referência à criação da Faculdade de Educação, deixando clara a importância da Psicologia da Educação para a nova formação. É possível perceber o clima que acompanhou a formação de um setor especializado em Psicologia da Educação que deveria funcionar na Faculdade de Educação da UFMG.

> "... Lá por volta de 69 e 70 dei umas aulas de Técnica de Entrevista naquele Curso de Orientação Educacional da Católica, quando ainda era pós-graduação. Na turma tinha você, o Ítalo, o Carlos Aloísio... Durante algum tempo, quando o Curso de Orientação aqui da Federal passou a ser uma habilitação do Curso de Pedagogia. Depois, toda a formação de profissionais da educação se organizou para a criação da Faculdade de Educação. Eu dei algumas aulas no curso e supervisionei Estágio. No começo, na gestão do Prof. Fontes, ele me pediu que coordenasse o curso durante um certo tempo, até que ele tivesse pessoal próprio da Faculdade que pudesse assumir essa incumbência. Essa experiência de sair do campo da educação e passar para atividade clínica, que seria talvez uma outra forma de fazer educação, comigo aconteceu desse modo. Minha formação inicial era de advogado. Na convivência

> com o pessoal da Psicologia, especialmente com o Bessa, me interessei pela Psicologia e quando surgiu a Faculdade de Educação achei que podia fazer um trabalho que reunisse Psicologia e Educação.

Aos poucos, a partir de 1969, foi se estruturando o grupo de profissionais da Psicologia da Educação; alguns vindos do Curso de Psicologia da UFMG, outros selecionados mediante concurso para atuarem na Faculdade de Educação e juntos formaram o Departamento de Psicologia da Faculdade de Educação.

Na nova faculdade, algumas tendências se evidenciaram. Uma tendência observável é o interesse pela Psicologia Experimental e uma certa aproximação das ciências biológicas. Outra, consiste na aproximação entre a Psicometria e a Psicologia Empresarial. Surgiu ainda o comportamentismo americano, que fundamentou a educação tecnicista. A coexistência ou a sucessão dessas tendências pode ser inferida da análise da carreira de alguns atores. A primeira tendência se evidencia nos seguintes depoimentos:

> "Quando eu fiz Pedagogia na Federal (final da década de 50), a gente estudava Anatomia, Fisiologia e muitas disciplinas da área biológica. Havia até uma certa concorrência com o pessoal da História Natural. Foi nesta época que montaram o laboratório de Psicologia Experimental, que depois funcionou no Curso de Psicologia amplamente".
> "Na Católica, a influência do Frei Ricardo deu um cunho muito experimental a toda a Psicologia..."

O depoimento seguinte apresenta a relação entre Psicometria e Psicologia Empresarial e a transferência dos conhecimentos elaborados no nível da empresa para a escola via profissionais atuantes numa e outra área.

> "Daí, eu comecei a fazer um estágio no SOSP... E comecei a trabalhar no Banco da Lavoura, nesse serviço, no Departamento de Orientação e Treinamento, mais especificamente numa Seção de Seleção e Orientação... Logo depois, começou a funcionar a Escola de Titulados, que visava dar um treinamento para os titulados do Banco e também fazer uma orientação a nível pessoal dos indivíduos que ocupavam altos cargos dentro do Banco... Esta Escola de Titulados teve um papel muito importante na minha formação, porque nessa época ela congregava pessoal de altíssimo nível, como por exemplo o Ruy Flores, Célio Garcia, Dr. Djalma Teixeira de Oliveira, o Jarbas Portela e o Carlos Pinto, que é um psicanalista atuante em Salvador, que faz análise didática lá e tem uma atuação muito boa. Essa equipe começou a formar os novos, o pessoal que estava iniciando em Psicologia, do qual eu fazia parte.(...)"

Na segunda metade da década de 1960 e nos anos seguintes, os cursos de Pedagogia realizados tanto na Universidade Federal quanto na Universidade Católica davam ênfase aos testes psicotécnicos e certos professores até exigiam a realização de um estágio no SOSP como atividade da disciplina Psicologia da Educação. Esta tendência ganhou maior estabilidade nos cursos de Orientação Educacional e posteriormente nos cursos de Psicologia das duas Universidades, quando a equipe do SOSP transformou-se no corpo docente inicial desses dois cursos.

A ligação entre a Psicotécnica e a Psicologia Empresarial perpassa a carreira dos atores, cuja condição mínima para o exercício profissional na empresa era a familiaridade com os testes.

O espaço profissional reservado às mulheres, fenômeno mencionado páginas atrás, foi o grande responsável pela mudança de palco dos atores que, devido ao sexo, retomaram suas atividades em Psicologia da Educação. Ao retornarem, trazem eles toda a influência dessas duas tendências.

O próximo depoimento situa outra tendência: o comportamentismo

> "... Nós estávamos trabalhando com Skinner, com a descoberta do Condicionamento Operante na época, com Instrução Programada, Tecnologia de Ensino. Até fizemos um livrinho programado juntos e ele [3] trabalhou nesta área e conversou com o pessoal da USP, que estava trabalhando também... Depois, houve esse posicionamento político com relação a Skinner... Então sofreu essa batalha ideológica e essa tecnologia caiu por terra e mudou também a parte de testes, tudo que era muito disciplinado, muito organizado, era suspeito, daí pra frente tudo foi bastante combatido; Até passar esta crise mais violenta foi dificílimo, mas por uma questão de caráter, continuamos".

No final da década de 1970 e início dos anos 80, o movimento de anistia e de abertura política sugeriu novas orientações teóricas como expõe este entrevistado.

> "(...) Eu estive um tempo afastada, num período muito ruim daqui; fui fazer Mestrado no Rio. Foi

[3] A entrevistada se refere a Helvécio Botelho, professor do Colégio Universitário

> bom para a gente pelo menos respirar e também foi enriquecedor, no sentido de que no Rio o pessoal dá muita ênfase a Piaget e a essas outras linhas. Na hora em que eu voltei, retomei a Psicologia nesta parte de pensamento e linguagem, inclusive enriquecendo mais dentro da mesma linha. (...)"

O depoimento deste ator, que transitou por setores de Psicologia da Secretaria de Estado da Educação, do Instituto de Educação de Minas Gerais, de empresas e, finalmente da Faculdade de Filosofia da Universidade Federal mostra como a carreira de um profissional determina, em grande parte, o desenvolvimento de uma área de conhecimento. Acumulando toda esta experiência colhida em diversas instituições e em vários momentos, cada ator, ao escolher um palco para sua representação transferia para este palco toda sua experiência anterior e definia o espetáculo a ser apresentado.

Fica, deste modo, evidente que a carreira de um profissional é ligada diretamente a uma instituição social e a identidade de cada um, mesmo permeada pela influência de diversas instituições, identifica-se particularmente com uma delas. Nesse caso, não se trata apenas da trajetória de um profissional, mas da trajetória de uma certa Psicologia.

A influência dos atores que desempenhavam papéis de destaque em dois ou mais palcos simultaneamente é outro determinante desta influência. Pierre Weil, contratado pela Faculdade de Filosofia, exercia, ao mesmo tempo, a direção da Escola de Titulados do Banco da Lavoura. Desta atividade, na qual se usou amplamente a Técnica Psicodramática, Pierre Weil tirou várias conclusões que o levaram, em seguida, a escrever um livro sobre o Psicodrama.

O professor Bessa, diretor do SOSP, era simultaneamente professor da Faculdade de Filosofia e veio a ser o diretor do Instituto de Psicologia da Universidade Católica e o criador e diretor do primeiro curso de Psicologia da Universidade Federal, onde sua equipe do SOSP foi praticamente a responsável pela formação dos primeiros especialistas em Psicologia Educacional. Célio Garcia, lecionando na Faculdade de Filosofia, atuava, simultaneamente no Banco da Lavoura e começava a trabalhar na primeira Clínica Psicológica (na época denominada Psicopedagógica) de Minas Gerais, com Maria Sílvia Machado, que teve atuação relevante na Universidade Católica

As instituições têm histórias particulares, no curso das quais emergem personalidades particulares. As histórias das instituições, por sua vez, são feitas por homens com identidades especiais. Não perdendo de vista este processo dialético, pode-se entender como a identidade de alguns atores foi delineada nas interações sociais com sua equipe e, em contrapartida, a permanência ou o afastamento destes atores influencia a trajetória de seus interatores e o destino das próprias instituições. Decorre deste processo dialético uma sucessão de definições e redefinições do que constitui na realidade a Psicologia da Educação.

O enredo dessa Psicologia, posteriormente delineado no currículo dos cursos e nos programas que chegaram às salas de aula, permite identificar a influência da Psicologia Industrial, organizada na década de 1960 em Minas e bem representada por Pierre Weil, vindo da França e Célio Garcia, formado naquele País. As paredes divisórias entre a educação escolar e o treinamento na empresa, já frágeis devido à semelhança dos conteúdos, tornaram-se ainda próximas devido ao trânsito dos profissionais de um terreno para outro.

CAPÍTULO III
A TÍTULO DE CONCLUSÃO

Ao concluir este trabalho, é necessário retomar a questão que levou a pesquisadora a buscar os depoimentos explorados neste texto. Depois de ter vivido momentos em que a Psicologia despertou a atenção de profissionais da área da saúde, da área organizacional e também da área educacional, a autora viveu também um momento em que o interesse por essa ciência se reduziu e houveram acusações de seu desserviço. Percorrendo os diversos espaços onde se estudou Psicologia e se buscou aplicá-la à Educação, a autora ouviu aqueles que foram os profissionais responsáveis pela pesquisa, pelo ensino e pela aplicação da Psicologia em Minas Gerais, ao longo de cerca de 60 anos e após analisar estas falas procura concluir expondo sua visão sobre o que realmente constitui a Psicologia da Educação.

O desenvolvimento de uma ciência só pode ser compreendido se o mergulhamos em suas determinações econômicas, sociais e políticas. Os conhecedores da história da Psicologia da Educação no Brasil, quer seja porque se dedicaram a pesquisá-la quer seja porque participaram da história de sua construção, sabem que compreender como esta área do conhecimento se formou requer um esforço amplo. Isso porque além de situar a ciência psicológica no espaço social de um país subdesenvolvido num determinado momento de sua história, tem-se de acompanhar o desenvolvimento tanto da ciência psicológica quanto da educação.

Ao chegar à última parte deste trabalho, alguns pontos devem ser realçados:

- Esta abordagem do desenvolvimento da Psicologia da Educação tentou caracterizar o discurso teórico, técnico e de pesquisa desta área de conhecimento especificamente num estado brasileiro – Minas Gerais.
- Como se trata do estudo de uma área de aplicação da Psicologia, especialmente à área da Educação, com ênfase na educação formal, que é exercida através das instituições escolares, buscou-se levar em conta as relações entre a escola e a sociedade.
- O Brasil era, no período estudado, um país capitalista subdesenvolvido e, graças ao conceito de dependência, estendido por Berger (1974) à problemática educacional, pode-se entender mais claramente como a teoria e a técnica chegaram até nós, se desenvolveram e se encontravam no momento abordado nesta pesquisa – de 1928 a 1990.

O país dependente internaliza historicamente a exploração econômica e a dominação política a que é submetido e passa a vivê-las internamente. Esta situação de dependência estende-se ao campo econômico, político e sociocultural e pode ser identificada na condição de subserviente do sistema educacional à ciência e à tecnologia dos países desenvolvidos. O que se verifica, portanto, é que os países do Terceiro Mundo se tornam consumidores dos bens culturais produzidos por países desenvolvidos. A pesquisa realizada permitiu identificar a influência do conhecimento que se produzia na França, na Suíça e na Alemanha em determinado momento e em outro, o conhecimento gestado nos Estados Unidos da América.

No início da história da Psicologia em Minas Gerais, o discurso oficial defendia a ideia de que cada indivíduo possui características universais, que independem da influência social, as quais devem ser conhecidas e desenvolvidas. Esse discurso reservou à Psicologia o papel de buscar traços universais e considerá-los processos psicológicos internos (emoções, pensamentos) tratando-os para garantir a produção de comportamentos educados. Este individualismo, que encontrava apoio na ciência psicológica, dominou a Pedagogia que direcionou o movimento da Escola Nova, a qual reservava à educação o papel de atualizar os atributos individuais e desenvolver as potencialidades, em consonância com as expectativas sociais.

Assim, emergiram no movimento da Escola Nova em Minas Gerais duas posições radicais – o pedagogismo e o psicologismo. Enquanto o pedagogismo constituía a crença de que a escola é redentora da humanidade e através dela se pode reconstruir o social, o Psicologismo reservava à Psicologia o papel de oferecer o conhecimento e os instrumentos capazes de efetuar esta redenção. Esse movimento teve suas origens no desenvolvimento da Psicologia na Europa.

Inicialmente, foram os estudos desenvolvidos na Alemanha, nos laboratórios de Psicofisiologia de Weber e Fechner, que inspiraram a Psicologia Experimental de Wundt. Na Inglaterra, elaboraram-se os fundamentos de uma estatística aplicável à Psicologia e na França, a partir de pesquisas realizadas sobre o normal X anormal, Alfred Binet e Theodore Simon conseguiram, em 1905, propor um teste satisfatório que teria como objetivo identificar a idade mental das crianças.

Ainda na Europa, o epistemólogo suíço Jean Piaget viveu na França, conviveu com Bleuler e trabalhou na clínica de Binet e lá definiu seu interesse em voltar atenção para os erros cometidos e para o tipo de raciocínio (estrutura mental) que esses erros evidenciavam. Piaget é um elo da corrente de pensadores humanistas que desenvolveram reflexões sobre temas filosóficos, psicológicos e educacionais na Universidade de Genebra e no Instituto Jean Jacques Rousseau. Ele pode ser considerado o sucessor de Flournoy, Claparède e Ferrière, representantes da Escola Ativa, que realça a atividade espontânea, pessoal e produtiva da criança., ou seja, a escola da expressão criadora da criança. A partir do convite feito a Piaget por Claparède, ele passou a desenvolver suas pesquisas no Instituto Jean Jacques Fousseau, envolvendo pesquisadores de diversas áreas e procedentes de várias partes do mundo. O termo método clínico adotado por Piaget evidencia sua objeção aos testes psicológicos e sua identificação com os métodos usados pelos psiquiatras, com os quais conviveu na França.

Esta herança europeia foi a responsável pelo desenvolvimento da Psicologia da Educação em Minas Gerais, quando aqui chegou a Missão Europeia em 1927. As ideias que floresceram na Europa no início do século, encontraram térreo fértil em Minas Gerais, onde uma representante do grupo, Helena Antipoff, aqui permaneceu, dedicando-se a pesquisas que adotavam os mesmos recursos.

A partir de 1945, quando o final da Segunda Guerra Mundial levou a grandes mudanças políticas, o contrato da professora Helena Antipoff não foi renovado pelo governo mineiro e ela mudou-se para o Rio de Janeiro e os professores que a substituíram adotaram novas orientações. Pode-se afirmar que cerraram-se as cortinas deste primeiro palco, onde durante quase 20 anos se encenou a história da Psicologia da Educação. A Escola de Aperfeiçoamento, agora transformada em Curso de Administração Escolar, perdeu seu papel privilegiado, passando a ser a Faculdade de Filosofia da UFMG e depois a Universidade Católica de Minas os locais onde se divulgavam as novas ideias.

A formação eclética do Professor Pedro Parafita de Bessa, principal substituto de Helena Antipoff trouxe à discussão as ideias de pesquisadores americanos, como Clark Hull e Carl Rogers, sendo registrada pelos seus contemporâneos a orientação dada por ele para que seus alunos procurassem ler trabalhos de diferentes autores.

Na década de 1950, o desenvolvimento da Psicologia foi dominado pelo pensamento quantitativo, que passou a ser considerado uma característica essencial da abordagem científica. Analisando o movimento em suas origens, verifica-se que a Psicometria teve seu começo na Psicologia Experimental, como foi exposto pouco antes. Nos laboratórios de Psicologia eram buscadas leis universais aplicáveis aos fenômenos psicológicos e ali surgiu o interesse pelo diferençável, o que constitui o campo da Psicometria e da Psicotécnica.

Na Europa, esses estudos são representados pelos trabalhos iniciados nos laboratórios de Binet e Simon e eram direcionados para a análise das dificuldades de aprendizagem de crianças no ensino fundamental. Já nos Estados Unidos, a Psicometria evoluiu mediante desenvolvimento dos testes psicológicos que foram amplamente utilizados pelas organizações militares durante a Segunda Guerra.

Em meados dos anos 1950, foi criado no Rio de Janeiro o ISOP e em Minas Gerais ocorreu a fundação do SOSP, que teve relevante papel na administração pública e na orientação vocacional de jovens que eram submetidos a testes psicológicos. Esses estudos se estenderam à Psicologia da Educação em Minas Gerais, onde a Psicotécnica e o uso dos testes psicológicos mudaram os instrumentos capazes de garantir a identificação das características individuais e a forma de atuar sobre elas. através da educação baseada nos recursos psicológicos.

Graças à influência americana, que se fez cada vez mais presente, a Psicologia da Educação de Minas Gerais foi marcada pelo funcionalismo, teoria psicológica adotada por John Dewey para fundamentar seu modelo pragmatista de educação. Este modelo teórico chegou a Minas Gerais via PABAEE, através dos professores mineiros que estiveram na Universidade de Indiana e que ao voltarem divulgaram o pragmatismo e o aplicaram às classes de demonstração que orientavam.

Quando foram criados os cursos de Psicologia em Minas Gerais, logo no início da década de 1960, havia uma preocupação bem grande com a Psicologia Experimental e com o domínio de técnicas de avaliação psicológica (testes de inteligência, de aptidões específicas, testes projetivos). A Psicologia da Educação se torna, então, voltada para a relação entre teoria e prática e começam a surgir aplicações de terias americanas sobre condicionamento na prática escolar. Merece destaque nessa época o trabalho desenvolvido no Colégio Universitário pelo Professor Helvécio Botelho, que aplicou a teoria de condicionamento de Skinner na elaboração de textos de instrução programada.

A partir da segunda metade da década de 1960, as orientações que emergem na Psicologia e na Educação mineiras não se desprendem do contexto político da época. No âmbito do governo militar, a educação requer controle e tem como objetivo formar indivíduos disciplinados e produtivos. Esta força dada ao individualismo, à influência do ambiente, fizeram com que a educação buscasse na Psicologia, "ciência do comportamento humano", ajuda para atuação mais eficaz dos cidadãos e para a compreensão de que a liberdade humana tem seus limites. Os textos de Skinner, especialmente o "Mito da liberdade", atendiam as necessidades advindas do momento político e social brasileiro.

É neste cenário também que os trabalhos de Watson, de Clark Hull, de Gagné, ganharam espaço ao longo dos anos 1960 e 1970. O clima sociopolítico da época e o estudo desses autores fizeram surgir uma pedagogia tecnicista, derivada do comportamentismo. Essa abordagem descritiva, universalista e a-histórica do Homem marcou o desenvolvimento da Psicologia da Educação. Diz-se que se trata de uma tendência universalista, no sentido de desconsiderar os comportamentos pessoais e uma tendência a-histórica por pretender-se atemporal, independente do que ocorre no mundo na época em que se está produzindo a ciência e a educação.

Paralelamente, o período foi marcado pela adoção da Teoria de sistemas ao planejamento dos cursos, o que combinava com a Psicologia comportamental. Essas duas abordagens propõem uma visão do processo pedagógico baseada no controle como recurso para se atingir níveis mais elevados de eficiência e de eficácia, o que se adequava tanto aos objetivos visados pelo treinamento realizado nas empresas quanto aos objetivos pretendidos por uma educação disciplinadora.

No início dos anos 1970, o desenvolvimento da Psicologia Social tanto nos laboratórios de Kurt Lewin no

Massachusssets Institute of Technology (MIT) em Boston quanto no grupo responsável pela Análise institucional na França (Georges Lapassade e outros) também afetou a Psicologia da Educação. A dinâmica de grupo, os estudos sobre liderança e a análise dos processos grupais tiveram um campo privilegiado na área empresarial, mas também foram aplicados na educação, graças a uma Psicologia influenciada pela pesquisa em Psicologia social.

De início, as multinacionais que se instalaram no Brasil foram as primeiras a adotar a aplicação dos estudos de Psicologia Social. Em Minas Gerais, a Escola de Titulados do Banco da Lavoura, na qual atuaram psicólogos como Pierre Weil e Célio Garcia, adotou os cursos destinados à formação de gerentes, valendo-se dessas novas contribuições, que vinham tanto dos Estados Unidos quanto da França.

A racionalização no campo educacional formalizou-se com as reformas do ensino superior (Lei no. 5540/68), do ensino médio (Lei 5692/71) e a análise da relação pedagógica assimilou o que acontecia na empresa. Além das influências já citadas, o final da década de 1970 e início dos anos 1980 foram marcados pela divulgação dos trabalhos de Carl Rogers, adotados tanto no campo organizacional, quanto no terapêutico e no educacional.

O início dos anos 1980 apontava uma redução gradual do controle e a sociedade reivindicava o retorno do modelo democrático, com eleições diretas para Presidente da República. Em Minas Gerais, esta época foi marcada pelo interesse pelas teorias de Jean Piaget e de Vygotsky. Embora os dois autores tenham desenvolvido suas teorias em países diferentes, o primeiro na Suiça e o segundo na União Soviética, a proposta que emerge dessas teorias admite que cada pessoa é construtora de seu conhecimento e o papel da escola e dos educadores consiste em oferecer oportunidades para que o desenvolvimento ocorra de forma plena. Analisando o currículo dos cursos de Psicologia e de Didática da época, encontram-se princípios e textos relacionados a essas duas teorias.

No plano sociopolítico, a década de 1980 foi um período de redefinição do papel do Estado e dos objetivosda Educação. A Psicologia, que até então era a ciência mais adequada ao diagnóstico e atendimento dos problemas educacionais, mostrou-se inadequada quando foram encarados os problemas sociais e institucionais. Nesse contexto, a Sociologia emergiu como a abordagem científica capaz de orientar a reanálise da realidade. Impulsionada pela reivindicação de um recurso científico capaz de auxiliar a análise da situação social, a educação mergulhou no que se pode considerar um sociologismo, ou seja, uma negação de explicações que não se detivessem na análise do social. Numa tentativa de compatibilizar a contribuição da Psicologia e da Sociologia, surgiu a abordagem socio-histórica da Psicologia, que representou uma tendência relevante para melhor compreensão dos fenômenos psicossociais. Entre os autores que representam esta tendência, merecem ser lembradas no Brasil Silvia Tatiana MowrerLane, Maria Helena Souza Patto e Ana Maria Bock, todas vanguardistas na exposição da perspectiva socio-histórica da Psicologia.

A visão construída ao longo deste trabalho é de que a Psicologia da Educação constitui um corpo de conhecimentos que se organiza aplicando os resultados da investigação psicológica às questões levantadas pela educação tanto em seu mais amplo sentido, constituído pela socialização dos cidadãos quanto no seu sentido estrito, que se refere aos problemas da educação escolar como a aprendizagem, a adaptação pessoal e social daqueles que se submetem à educação formal. Nesse sentido, a Psicologia da Educação tem um caráter social, porque se processa numa sociedade e não perde de vista o caráter individual, porque leva em consideração a identidade de cada pessoa a ser educada.

PRINCIPAIS REFERÊNCIAS

BARDIN, Laurence. Análise de conteúdo. Trad.Luis Antero Reto; Augusto Pinheiro. Lisboa, Edições 70. 1982

BERGER, Ernest. A construção social da realidade. Trad. //// Foriano de Souza Fernandes. 2a. ed. Petrópolis, Vozes, 1974.

________. Perspectivas sociológicas: uma visão humanista. Trad. Donaldson M. Gars 6a. ed. Petrópolis, Vozes, 1983.

BERGSON, Henri. Matière et memoire. Paris, Presses Universitaires de France. 1959

BRASIL. Leino. 1036, de 25 de setembro de 1928. Aprova os regulamentos do ensino normal e primário, expedidos respectivamente com os Decretos 8.162, de 20 de janeiro de 1928 e 7.970-A, de 15 de outubro de 1927 e contém outras disposições.

BRASIL, Decreto no. 11.210, de 4 de agosto de 1943. Autoriza o funcionamento dos cursos de Filosofia, Geografia, Letras Clássicas, Letras Neolatinas e Pedagogia da Faculdade de Filosofia Santa Maria, em Belo Horizonte, Minas Gerais

BRASIL, Decreto no. 20.201, de 14 de dezembro de 1945. Concede reconhecimento a cursos da Faculdade de Filosofia, Ciências e Letras Santa Maria.

BRASIL, Lei no. 4.119, de 27 de agosto de 1962. Dispõe sobre os cursos de Psicologia e regulamenta profissão de psicólogo.

BRASIL, Decreto no. 61.870, de 8 de dezembro de 1967. Concede reconhecimento ao curso de Psicologia da Faculdade de Filosofia, Ciências e Letras Santa Maria, da Universidade Católica de Minas Gerais.

BRASIL, Lei no. 482, de 11 de novembro de 1949. Cria no Instituto de Educação de Minas Gerais o Serviço de Orientação e Seleção Profissional.

BRASIL, Maria Auxiliadora de Souza. Da necessidade e da possibilidade da aplicação da Psicologia à educação. Tese de Doutoramento, Faculdade de Filosofia da UFMG. 1962, mimeo.

CAMPOS, Francisco. Educação Pública. Revista do Ensino, no. 47, Belo Horizonte, julho de 1930.

CAMPOS, Regina Helena de Freitas. Psicologia e ideologia: um estudo da formação da Psicologia Educacional em Minas Gerais. Dissertação de Mestrado em Educação da UFMG, 1980.

CANGUILHEM, G. O que é a Psicologia? Tempo Brasileiro, Epistemologia, 2 (30,31). 104-123. 1972/73

FERRATER MORA, José. Dicionário de Filosofia. S.D.

GOFFMAN, Erving. Ritual de lainteraccion. Trad. Floreal Maria, Buenos Aires, Editorial Tiempo Contemporaneo, 1970.

_________. Manicômios, prisões e conventos. Trad. Dante Moreira Leite. São Paulo, Perspectiva, 1970.

_________. Estigma. Trad. Márcia Bandeira de Mello Leite Nunes. 4a. Ed. Rio, Zahar, 1977.

_________. A representação do eu na vida cotidiana. Trad. Maria Célia Santos Raposo. Petrópolis, Vozes, 1983.

HALBWACHS, Maurice. La memoirecollective. Paris, Presses Universitaires de France (PUF), 1950

ICHETZER, Gustav. Misunderstandings in human relations. Suplement of American Journal of Sociology. LV (september 1949, p. 6-7

JAPIASSU, Hilton. Introdução à epistemologia da Psicologia. Rio, Imago, 1975.

_________. O mito da neutralidade científica. Rio, Imago Editora, 1975

_________. Nascimento e morte das ciências humanas. Rio, Francisco Alves, 1978.

LAING, R.D. *et allii.* Percepção interpessoal. Rio de Janeiro, Eldorado, 1974.

LANE, Silvia T.M. Uma redefinição da Psicologia social. Educação e sociedade, CEDES, (6) jun. 1980.

_________. Psicologia social: o homem em movimento. São Paulo, Brasiliense, 1984

MEAD, George Herbert. Works of George Herbert Mead. Edited with en Introduction by Charles W. Morris. Vol 1: Mind, self and society from the standpoint of a behaviorist. Chicago, The University of Chicago Press, 1962.

PABAEE - Texto de orientação e política educacional para o Programa de Assistência Brasileiro-Americana ao Ensino Elementar. Junho de 1957, Belo Horizonte, Minas Gerais, Brasil.

PABAEE - Relatório do Programa de Assistência Brasileiro-Americana ao ensino elementar.

PATTO, Maria Helena Souza. Psicologia e ideologia: reflexões sobre a Psicologia escolar. Tese de doutoramento apresentada ao Instituto de Psicologia da Universidade de São Paulo, 1981.

PEIXOTO, Anamaria Casasanta. A reforma educacional Francisco Campos: Minas Gerais, Governo Presidente Antônio Carlos. Dissertação de Mestrado apresentada ao Programa de Pós-graduação da Faculdade de Educação da UFMG. Belo Horizonte,

ROMANELLI, Otaísa de Oliveira. História da Educação no Brasil: 1930/1978. Petrópolis, Vozes, 1978

SAVIANI, Demerval. Educação brasileira: estrutura e sistema. São Paulo, Saraiva, 2a. ed. 1975.

SCHAFF, Adam. História e verdade. Trad. Maria Paula Duarte, 2a. ed. São Paulo, Martins Fontes, 1983

SEMINÉRIO, F.L.P. Psicologia, ciência e educação. Arquivos Brasileiros de Psicologia. Rio de Janeiro, FGV, 31 (2): 5-16, 1979

_________. A crise da Psicologia contemporânea. Arquivos Brasileiros de Psicologia. Rio de Janeiro, 32 (1) : 13-29, jan/mar 1980

Construindo ideias
e conectando mentes

Este livro foi composto com tipografia Minion Pro
e impresso em papel Pólen Soft 70g/m²
na Promove Artes Gráficas em julho de 2022.